GRAMMAR

TPR 이론의 창시자 | Dr.James J. Asher

휴스턴 대학과 뉴멕시코 대학에서 텔레비전 저널리즘과 심리학으로 박사 학위를 받았다. 그 후, 워싱턴 대학과 스탠포드 대학에서 언어학, 교육심리학의 연구 생활을 계속하였다. 그는 외국어 과목에서 성적이 매우 우수하였음에도 불구하고 말하는 데에 어려움을 겪은 것을 계기로 외국어 교습법에 관심을 갖고 연구를 하여 오른쪽 뇌를 이용한 기억 방식 이론을 창안하였다. 그의 교육이론은 현재 전세계 국가에 널리 활용되며 언어 교육의 가장 효과적인 교습법으로 검증되었다.

기획 | 인투언어연구소

최종민 교수
㈜인투언어연구소 소장, 호서대 교양학부 초빙교수
주요 저서
텐저린 파트별 시리즈(니오컴스) | 텐저린 실전문제 200 시리즈(니오컴스)
TOEIC 터미네이터(YBM 시사영어사) | TOEIC 터미네이터 BASIC(2003, YBM 시사영어사)
최종민의 TOEIC R/C 기출문제 공개해부(2003, YBM시사영어사) | 플래티늄 1200(2003, 니오컴스)
플라톤 토익(2004, YBM시사영어사) | 레인보우토익(2006, YBM시사영어사)
코칭토익(2006, 박문각) | 웨일즈 Topic 시리즈 기획(2007)

일러스트 | 김민재 김희재 박태영 민경은 손지연

ENGLISH ICE BREAK
GRAMMAR ❸ Advanced

1판 1쇄 인쇄 2009년 12월 7일 **1판 1쇄 발행** 2009년 12월 15일
펴낸이 정중모 **펴낸곳** Watermelon English Company **기획** 인투언어연구소 **책임편집** 김지숙 이민정
디자인 김해연 이아름 **제작** 송정훈 윤준수 **영업** 남기성 김정호 김경훈 **관리** 박금란 김은경 윤현진 김수나
등록 2003년 9월 3일(제300-2003-162호)
주소 서울시 마포구 동교동 203-52 **전화** 02-3144-3700 **팩스** 02-3144-0775
홈페이지 www.engicebreak.com **이메일** editor@yolimwon.com

* 책값은 뒤표지에 있습니다.
ISBN 978-89-7063-641-2 14740, 978-89-7063-638-2(세트)

ENGLISH ICEBREAK GRAMMAR ③

잉글리쉬 아이스브레이크 그램마

Advanced

Watermelon

| 머리말 |

100% Graphic!

    ICEBREAK가 첫선을 보였을 때 수많은 독자들과 영어 학습자들이 열렬한 반응을 보여 주셨습니다. 당연히 타당한 이유가 있겠죠. 영어 교재에 그림이나 사진이 부분적으로 실리는 경우는 많이 있습니다. 하지만 ICEBREAK처럼 100% Graphic으로 그림과 글, 글과 그림이 상호 작용하도록 시도한 교재는 거의 없습니다. 그것도 귀여운 졸라맨과 어린 시절을 떠올리게 하는 단순하고 소박한 그림이 사실적이고 복잡한 그림이나 사진보다 훨씬 매력적이었던 것 같습니다.

    이에 용기를 얻어 ICEBREAK 영문법을 내기로 결정했습니다. 용기가 필요했던 것은 졸라맨을 주인공으로 문법의 개념과 용법을 얼마만큼 표현할 수 있을까? 하는 고민 때문이었습니다. 하지만 그 따분하고 재미없는 문법 공부를 아주 조금이라도 유쾌하고 편안하게 즐기면서 할 수 있다면 보람 있고 가치 있는 작업일 것이라고 생각했습니다. 이제 또 한번 많은 분들이 좋은 평가를 내려 주시리라 조심스럽게 기대해 봅니다.

눈으로 그림을 보고!
머리로 내용을 생각하고!

Icebreaker처럼 영어의 장벽을 깨고 나가자!

ICEBREAK! 이름이 참 매력적죠? 책 이름에서 몇 가지 장면이 연상됩니다. 가장 먼저 떠오르는 그림은 Icebreaker(쇄빙선)가 북극의 얼음과 빙하를 깨면서 앞으로 나아가는 장면입니다. 영어를 공부하면서 보게 되는 우리 자신의 모습은 얼음처럼 얼어붙어 있는 것이 아닐까 합니다. 미국 사람들과 부딪치면 눈과 귀가 얼어 버립니다. 눈은 뜨고 있지만 뭔지 모를 두려움(phobia)에 멍한 시선이고, 귀는 열고 있지만 아무 소리도 들리지 않습니다. 눈으로는 알파벳만 보고, 귀로는 우리말 설명만 지루하게 들으면서 공부한 탓이겠지요. 입은 더욱 단단하게 꽁꽁 얼었습니다. 머리 속으로 문장을 만들어도 혀가 움직이질 않습니다.

지금의 부모 세대들은 문법 위주로 공부했으니 그렇다고 치지만, 영어 동화책과 소리로 영어를 시작한 젊은 세대들도 결과는 마찬가지인듯 합니다. 아마 시험 점수에 목매달고 달려 드는 우리 교육 환경 때문이겠지요. 눈과 귀, 입이 얼어 붙으면서 마음까지 얼음 속에 갇혔습니다. 바로 좌절감입니다. 지긋지긋할 정도로 오랫동안 공부해도 항상 그 자리인 듯 합니다. 벌써 시작만 몇 번 입니까? 마음 먹고 영어 공부하자고 단단히 결심해도 며칠 공부하다 말고 포기한 것이 벌써 몇 번 입니까? 이제 다시 한번 영어 공부 제대로 해보자는 마음까지 사라진 것은 아닌지요.

이제 ICEBREAK가 여러분 옆에 있습니다. 얼어 버린 눈, 귀, 입을 녹일 수 있습니다. 좌절감이라는 단단한 얼음을 산산이 깨드릴 수 있습니다. Icebreaker가 북극의 하얀 얼음을 깨고 짙푸른 바다를 헤치고 나아가는 시원한 모습을 상상할 수 있습니까? ICEBREAK가 옆에 있으면 이제 여러분은 멋있는 Icebreaker가 될 수 있습니다.

break the ice! 영어의 서먹함을 날려 버리자!

ICEBREAK라는 책 제목에서 또 하나 떠오르는 장면이 있습니다. break the ice라는 표현은 처음 만나 어색하고 서먹한 분위기를 부드럽고 편안한 분위기로 바꾼다는 뜻입니다. 영어는 다른 나라 말이니까 당연

다시 눈으로 문장을 보고!
귀로 소리를 듣고!

히 낯설고 불편합니다. 잘하고 싶은 마음은 늘 있고, 그래서 나름대로 노력은 해보지만 낯설고 불편한 것은 조금도 줄어들지 않습니다. 나이가 들면서 그 불편함이 더 강해지는 경우가 많습니다. 아마 체면 때문이겠지요. 체면 차리는 것이 바로 우리 문화 아니겠어요? 체면은 나쁜 것만은 아닌데도 영어를 공부할 때 꼭 끼어드는 방해꾼입니다.

이제 ICEBREAK가 여러분 옆에 있습니다. 졸라맨과 대화를 나누면서 영어를 다시 시작해 보세요. 졸라맨은 만능 엔터테이너입니다. 우리가 지금까지 알파벳으로만 공부했던 수많은 문장을 직접 연기합니다. 앉았다가 일어나기도 하고, 걷다가 열심히 뛰기도 합니다. 웃기도 하고 찡그리기도 하고 신나는 표정을 짓기도 합니다. TV를 보기도 하고 라디오를 듣기도 하죠. 정말 다양한 표정과 몸짓과 액션을 보여 줍니다.

이 책은 ICEBREAK Grammar입니다. 영어 문법은 늘 서먹합니다. 여간 불편하지 않습니다. 시제 공부할 때 '시간'을 생각해야 한다든가, 본

동사는 시제 외에 능동태와 수동태를 구별하는 것이 중요한 포인트라든가, 부정사는 명사, 형용사, 부사의 역할을 한다든가, 명사를 공부할 때는 '수와 양'을 체크해야 하다든가, 전치사는 기본적으로 '공간 또는 장소'를 표현한다든가 하는 것은 꼭 알아야 할 중요한 포인트지만 여기서 그치면 그저 머리와 눈으로 하는 공부로 끝납니다.

ICEBREAK Grammar! 이렇게 공부하자!

ICEBREAK Grammar는 좀더 새로운 학습법을 제시합니다. break the ice하기 위한 방법죠. 만능 엔터테이너인 졸라맨이 보여주는 공부법은 바로 action입니다. 졸라맨과 똑같이 말하면서 흉내 내보세요. 졸라맨이 빨리 뛰면 "He is running fast."라고 큰 소리로 말하면서 뛰는 시늉을 해보세요. 쑥스럽고 때로는 체면이 구겨지기도 하겠지만 문장 하나하나가 몸에 찰싹 달라 붙는 효과를 낼 것입니다. 그림을 보고 머리로 내용을 생각하고, 눈으로 문장을 보고, 귀로 소리를 듣고, 입으로 크게 말하고, 손으로 또박또박 써 보세요.

입으로 크게 말하고!
손으로 또박또박 써 보세요!

    ICEBREAK Grammar에 등장하는 모든 그림과 장면을 영어 문장으로 소리 내 보세요. ICEBREAK Grammar에 있는 모든 영어 문장을 보며 그림과 장면을 상상해 보세요. 눈짓, 손짓, 발짓, 몸짓 등 온몸으로 하는 action을 곁들여 보세요. 그러면 어느 순간 갑자기 얼어 붙었던 눈과 귀와 입이 봄눈 녹듯 풀릴 것입니다. 마음 속 한 켠을 차갑게 짓누르던 얼음 덩어리 같은 좌절감은 흔적도 없이 녹아 사라져 있을 것입니다. 어느 순간부터 편안하게 영어로 대화하고 있을 것입니다.

ICEBREAK Grammar에서 영어 문법은 지식이 아니라 말과 행위입니다.

최종민 인투언어연구소

Introduction

Contents

PART 1

Unit 1 문장
Chapter1 시제 ...16
Chapter2 의문문 ...25

Unit 2 법조동사
Chapter3 법조동사 ...30

Unit 3 수동태
Chapter4 수동태 ...38

Unit 4 준동사
Chapter 5 to부정사 ...46
Chapter 6 동명사 ...51
Chapter 7 분사 ...57

Unit 5 품사
Chapter 8 명사 ...60
Chapter 9 관사 ...66
Chapter10 한정사 ...73
Chapter11 대명사 ...81
Chapter12 형용사 ...86
Chapter13 부사 ...90
Chapter14 비교 ...97
Chapter15 전치사 ...100

Unit 6 명사절과 형용사절
Chapter16 명사절 ...116
Chapter17 화법 ...120
Chapter18 형용사절 ...123

Unit 7 등위절과 부사절
Chapter19 조건절 ...130
Chapter20 등위절 ...135
Chapter21 부사절 ...137

본격적으로 문법에 들어가기에 앞서 문장의 형식에 대해서
간략하게 알아보기로 해요.
각각의 문법 사항들이 나무라고 생각한다면 문장의 형식은 숲과도 같아요.
그리고 영어라는 숲은 크게 다섯 가지로 나누어 볼 수 있는데요.
어떤 문장이든 그 안을 대략적으로 살펴보면 그 다섯 가지 중 하나로
구성된 것을 볼 수 있어요. 그렇기 때문에 한번쯤은 문장의 형식에 관해
짚고 넘어가는 과정이 필요해요.

PART 2

Unit 1 문장
Chapter1 시제 ...142
Chapter2 의문문 ...148

Unit 2 법조동사
Chapter3 법조동사 ...160

Unit 3 수동태
Chapter4 수동태 ...174

Unit 4 준동사
Chapter 5 to부정사 ...186
Chapter 6 동명사 ...197
Chapter 7 분사 ...211

Unit 5 품사
Chapter 8 명사 ...218
Chapter 9 관사 ...225
Chapter10 한정사 ...232
Chapter11 대명사 ...246
Chapter12 형용사 ...255
Chapter13 부사 ...265
Chapter14 비교 ...277
Chapter15 전치사 ...289

Unit 6 명사절과 형용사절
Chapter16 명사절 ...308
Chapter17 화법 ...314
Chapter18 형용사절 ...322

Unit 7 등위절과 부사절
Chapter19 조건절 ...342
Chapter20 등위절 ...356
Chapter21 부사절 ...362

ANSWER KEY ...376

1형식과 2형식

The baby smiles at his mother.

1형식의 문장은 '주어+동사'이다.
1형식 문장에서 동사 뒤에 나오는 부사나 전치사구를 생략해도 문장은 성립된다.

My mom is a chef in this restaurant.

2형식의 문장은 '주어+동사+보어'이다.
이때 쓰이는 보어는 주격보어이며 주어를 보충 설명한다.
명사, 대명사, 형용사가 올 수 있다.

They look happy.
They look happily. (X)

2형식의 보어 자리에 형용사가 올 경우 해석상의 이유를 들어 부사로 쓰지 않도록 주의한다.

- 아기가 엄마를 보고 웃는다.
- 나의 엄마는 레스토랑의 주방장이다.
- 그들은 행복해 보인다.

2 3형식과 4형식

I know that she cleaned up my room.

3형식의 형태는 '주어+동사(타동사)+목적어'이다. 목적어로는 명사, 대명사가 올 수 있으며 명사절 또한 가능하다.

Could you bring me that newspaper?

4형식의 형태는 '주어+동사+간접목적어+직접목적어'이다. 이때 간접목적어는 '~에게'에 해당하는 말이며, 직접목적어는 '~을'이라고 해석한다. 4형식에 쓰이는 동사는 give, show, teach, send, bring, make, buy 등이 있다.

She bought me a new bike.
She bought a new bike for me.

4형식의 문장을 3형식으로 표현할 수 있는데 이때 간접목적어는 '전치사+목적어'로 문장 뒤에 위치한다. 주로 'to+목적어'를 사용하지만 make, buy가 쓰인 문장에서는 전치사 for를 사용한다.

- 나는 그녀가 내 방을 청소했다는 것을 안다.
- 저 신문 좀 가져다 주시겠어요?
- 그녀는 나에게 새 자전거를 사 주었다.

3 5형식

He calls me a genius.

5형식 문장은 '주어+동사+목적어+목적격보어' 이다. 목적격보어는 목적어를 보충 설명하며, 명사나 형용사가 사용된다.

She asked me to bring a newspaper.

목적격보어에 동사를 쓸 경우 그 동사는 to부정사로 바꾼다.

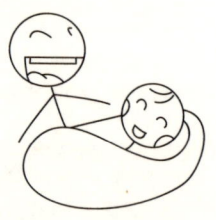

He made his baby laugh.
He made his baby to laugh. (x)

5형식 문장에 사역동사(let, have, make), 지각동사(look, hear, feel 등)가 쓰이면 목적격보어는 to부정사 대신 원형부정사가 쓰인다.

- 그는 나를 천재라고 부른다.
- 그녀는 나에게 신문을 가져다 달라고 부탁했다.
- 그는 그의 아기를 웃게 만들었다.

Unit 1 문장

문장이란 우리가 가진 생각이나 느낌을 전달하게 해주는 최소의 단위예요.

그 생각과 느낌을 전달하려고 쓰는 말이 바로 동사지요. 다시 말해 동사는 동작을 나타내는 말입니다. 이 동작을 누가 하는지, 무엇을 대상으로 그 행동을 하는가에 따라서 각 말들이 문장 안에서 관계도를 만들어요.
또한 문장에는 동작이 일어난 것이 언제인지 분명하게 밝혀져 있어요. '나는 빵을 먹었다.', '나는 빵을 먹고 있다.'에서 볼 수 있듯이 동작이 일어난 시점(시제)을 동사가 나타내고 있죠. 그리고 상대방에게 질문하여 답을 얻으려고 말을 할 때에는 문장의 형태가 바뀝니다. 가령, '너는 빵을 먹는다.'는 단순히 동작을 설명하는 문장이지만 '너도 빵을 먹을래?'는 동작을 설명하지 않고 상대방에게 질문을 하는 의문문으로 바뀝니다. 문장에 나타나는 다양한 시제와 의문문에 대해서 배워 봅시다.

Chapter 1 시제

I 현재 시제

I usually go to church at weekends.

현재 시제는 현재의 일상적 습관이나 반복되는 동작을 나타낸다.

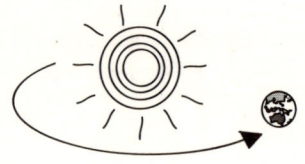

The Earth goes round the sun.

현재 시제는 일반적 사실이나 불변의 진리를 나타낼 때 사용된다.

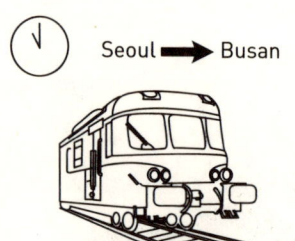

The train leaves Seoul at 11:00.

미래의 의미를 나타내더라도 시간표에 따라 계획이나 시간이 정해진 사실에 대해서는 현재 시제로 쓴다.

- 나는 보통 주말에 교회에 간다.
- 지구는 태양 주위를 돈다.
- 그 기차는 11시에 서울을 떠난다.

2 현재진행 시제

We are jogging now.

현재진행 시제는 현재의 시점에서 진행 중인 동작이나 상태를 표현한다.

I'm teaching French this semester.

비교적 긴 기간을 나타내는 시간부사와 함께 쓰여 그 기간에 걸친 행동을 나타낸다.

I have (=own) two sisters.
~~I am having two sisters.~~ (X)

진행 시제는 동작을 나타내므로 상태를 나타내는 동사는 진행형으로 쓸 수 없다.

상태동사: want, believe, forget, know, recognize, remember, belong, have, own, envy, fear, like, appear, be, consist, exist, seem 등

- 우리는 지금 조깅 중이다.
- 나는 이번 학기에 프랑스어를 가르친다.
- 나에게는 두 여동생이 있다.

3 과거 시제

I learned that Hamlet was written by Shakespeare.
I learned that Hamlet had been written by Shakespeare. (X)

과거 시제는 과거에 시작하여 과거에 이미 끝난 행동, 과거의 습관, 과거의 상태를 나타내는 시제이다. 역사적 사실 또한 늘 과거 시제로 쓴다.

I didn't sleep last night at all.

일반동사의 과거 시제가 쓰인 문장의 부정문은 did not(didn't)을 사용하고 그 뒤에 동사원형을 쓴다.

I used to collect coins of the countries of the world.

지금은 더 이상 하지 않는 과거의 습관적인 동작을 나타낼 때 used to 또는 would를 사용하며 그 뜻은 '~하곤 했다'로 해석한다.

- 나는 '햄릿'이 셰익스피어에 의해 쓰여졌다는 것을 배웠다.
- 나는 어젯밤에 잠을 전혀 이루지 못했다.
- 나는 세계 모든 국가의 동전을 모으곤 했다.

4 과거진행 시제

My mom was cooking when I came home.

과거진행 시제는 과거의 한 시점에서 어떤 동작이 일어났을 때 진행 중이던 동작을 나타낸다.

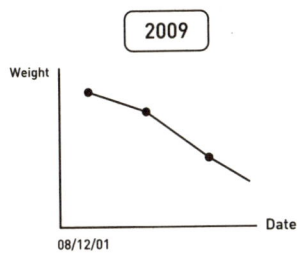

I was losing my weight after I started working out last year.

과거의 비교적 긴 기간에 걸쳐 일어났던 동작이나 상태를 나타낼 때도 과거진행 시제를 사용한다.

When I was driving, lightning flashed in the sky.

과거 시제와 과거진행이 함께 쓰일 때, 과거 시제는 짧은 기간 동안 일어났거나 나중에 일어난 일을 나타낸다.

- 내가 집에 왔을 때 엄마는 요리를 하고 있었다.
- 작년에 운동을 시작한 후로 나는 체중이 줄어들고 있었다.
- 내가 운전을 하고 있을 때 하늘에서 번개가 쳤다.

5 현재완료 시제(1)

I have not decided what to buy yet.

현재완료 시제의 완료용법
과거에 시작한 행위가 현재에 가까운 시점에 끝난 것을 의미하며 already, yet, now 등과 같은 부사와 함께 쓰인다. 단, 과거 시제가 아니므로 과거를 나타내는 부사(yesterday, ago, last year 등)는 같이 쓸 수 없다.

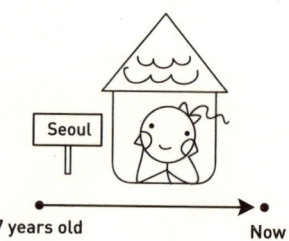

7 years old   Now

I've lived in Seoul since I was 7.

현재완료 시제의 계속용법
과거에 시작하여 현재까지 계속 이어지는 동작이나 상태를 나타낸다. since(~이후로), for(~동안)와 함께 쓰인다.

She has been doing her laundry for two hours.

현재완료 시제의 진행형은 과거에 시작하여 현재 시점에서도 계속 진행 중인 동작이나 상태를 나타낸다. 형태는 'have been+-ing' 이다.

- 나는 아직 무엇을 살지 결정하지 못했다.
- 나는 내가 7살 때 이후로 서울에서 살고 있다.
- 그녀는 두 시간 동안 빨래를 하고 있다.

5-1 현재완료 시제 (2)

A: Have you ever read this book?
B: I have read it twice.

현재완료 시제의 경험용법
이전에 했었던 경험이나 행동을 나타낸다. ever, never, before, once, twice 등과 함께 쓰인다.

She has gone to New York. (She is not here.)

현재완료 시제의 결과용법
과거에 일어난 일이 현재에도 그 상태 그대로일 때, 그리고 과거 행위의 결과를 나타낼 때 사용된다.

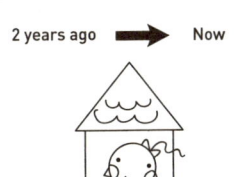

I have lived in France for two years. (I still live in France.)

과거 시제는 과거에 이미 끝난 과거의 동작이나 상태를 나타내지만, 현재완료 시제는 현재와 과거 사이에 끝난 일이나 계속되는 행위를 나타내므로 과거의 특정 시간을 나타내지 않는다.

- A: 이 책 읽어 봤어?
  B: 두 번 읽었어.
- 그녀는 뉴욕으로 가 버렸다. (그녀는 여기에 없다.)
- 나는 2년 동안 프랑스에 살고 있다. (나는 여전히 프랑스에 살고 있다.)

6 과거완료 시제

When Sara arrived home, her family had already had dinner.

과거완료 시제는 과거 이전에 일어난 동작이나 상태를 나타낸다. 단, 과거 시제와 비교하여 먼저 일어난 일에 대해서만 과거완료 시제를 사용한다.

I knew who she was. I had seen her before.

과거완료 시제 또한 완료, 계속, 경험, 결과의 용법이 있으며, 현재완료 시제의 용법과 동일하다.

At last the bus came. I'd been waiting for an hour.

과거완료진행 시제는 과거의 행위보다 이전에 진행 중인 동작을 강조할 때 사용된다. 형태는 'had+been+ -ing' 이다.

- Sara가 집에 도착했을 때, 그녀의 가족들은 이미 저녁 식사를 한 상태였다.
- 나는 그녀가 누구인지 알고 있었다. 나는 그녀를 전에 본 적이 있다.
- 마침내 버스가 도착했다. 나는 한 시간 동안 기다리고 있었다.

7 미래 시제

미래 시제를 나타내는 표현으로는 will과 be going to가 있다.

I will answer it.

will은 미래에 대한 추측이나 의지를 나타낼 때 사용한다.

My sister is going to get married next week.

be going to는 will과 함께 미래에 대한 추측에 쓰이기도 하지만 개인의 계획이나 예정을 나타낼 때도 사용하는 표현이다.

I will open the box when he comes back.

when이나 if가 쓰인 시간이나 조건을 나타내는 부사절에서는 미래의 의미를 나타내더라도 반드시 현재 시제로 표현한다.

- 제가 받을게요.
- 나의 언니는 다음 주에 결혼한다.
- 나는 그가 돌아왔을 때 그 상자를 열어 볼 것이다.

8 미래진행, 미래완료 그리고 미래완료진행 시제

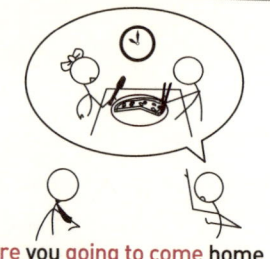

Are you going to come home at 10 o'clock?
We will be having dinner then.

미래진행 시제는 미래의 어느 시점에서 진행 중일 동작을 나타낸다. 형태는 'will be+ -ing' 또는 'be going to be+ -ing' 이다.

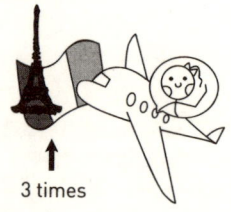

3 times

I will have been to Paris three times if I go there this summer.

미래완료 시제는 다른 완료 시제와 마찬가지로 현재에서 미래의 한 시점에 이르는 기간에 동작이 완료되거나 결과, 경험, 계속의 의미를 나타낸다.

this week

I will have been writing a term paper for a month by this week.

미래완료진행 시제는 현재에 시작한 동작이 미래에도 계속되고 있을 것이라는 사실을 강조할 때 사용하며, 형태는 'will have been+ -ing' 이다.

- 당신은 10시에 집에 올 건가요?
  우리는 그때 저녁을 먹고 있을 거예요.
- 이번 여름에 파리로 간다면 나는 파리에 세 차례 가는 것이 될 것이다.
- 이번 주면 내가 학기 보고서를 쓴지 한 달째가 된다.

Chapter 2 의문문

1 Yes/No Questions

의문문은 동사와 주어의 위치가 바뀌는 것이 기본 형식이다.
의문사가 없이 동사와 주어의 위치만 바뀐 의문문은 그 대답을 Yes 또는 No로 할 수 있기 때문에 Yes/No Questions라고 한다.

Is this your coat?

be동사가 있는 문장일 때, be동사와 주어의 자리를 바꾸어서 의문문을 만든다.

Did you eat my cake?

일반동사가 쓰인 문장은 조동사 do를 주어 앞으로 위치시켜 의문문을 만든다. 주어가 3인칭 단수일 때는 does, 동사가 과거 시제일 때는 did+주어+동사원형으로 표현한다. 미래 시제는 will이나 다른 조동사인 may, shall, must, should, can 등을 사용한다.

Have you read this book?

현재완료나 과거완료 시제의 의문문은 have/had를 주어 앞에 오게 하고, 과거분사를 주어 뒤에 위치시켜 만든다.

- 이것은 당신의 외투인가요?
- 당신이 내 케이크를 먹었나요?
- 당신은 이 책을 읽어 본 적 있나요?

2 Wh-Questions

Who broke the window?

의문사는 대부분 wh로 시작하므로 의문사가 쓰인 의문문을 wh-Questions라고 한다.
의문사에는 **what**(무엇, 무슨), **when**(언제), **where**(어디), **why**(왜), **who**(누구), **which**(어느 것), **how**(어떻게, 얼마나)가 있다.
'의문사+동사~?' 의 어순으로 쓴다.

What can I do for you, ma'am?

의문사가 문장에서 목적어 또는 보어로 쓰인 경우, 의문사가 없는 Yes/No Questions와 마찬가지로 be동사나 조동사(do 포함)가 주어 앞에 위치한다. 단, 의문사가 항상 문장 맨 앞에 오게 되므로 형태는 **'의문사+조동사/be동사+주어+동사원형~?'** 이다.

How deep is this lake?

how는 부사나 형용사와 함께 쓰여서 정도나 수량, 기간 등을 물어보는 표현으로 많이 쓰인다.
how many(얼마나 많이),
how much(가격 또는 양이 얼마나 많이),
how far(얼마나 멀리),
how long(얼마나 오래),
how tall(키가 얼마나),
how old(나이가 얼마나) 등이 있다.

- 누가 창문을 깨트렸지?
- 무엇을 도와드릴까요, 부인?
- 이 호수는 얼마나 깊을까?

3 기타 의문문

Sara looks pretty, doesn't she?

부가의문문
평서문 끝에서 쉼표 다음에 나타나는 부가의문문은 쉼표 다음에 평서문에 썼던 조동사 또는 be동사, 일반동사일 때는 do동사 쓰고 평서문의 주어에 대한 대명사를 쓴다. 평서문이 긍정문이면 부가의문문은 부정문으로, 부정문이면 긍정문을 쓴다.

A: You're so late! Won't you go to school today?
B: Of course I will.

부정의문문
부정의문문이란 의문문에서 동사에 부정어(no, not, never)가 사용된 의문문을 말한다. 부정의문문은 화자가 알고 있는 사실을 상대방에게 확인하는 의미를 가진다. 부정의문문에 대답할 때는 긍정의문문에 대답하는 것과 마찬가지로 대답한다.

When you meet him, will you ask him if he ate my cake?

간접의문문
간접의문문이란 하나의 의문문이 다른 문장의 명사절로 쓰이는 것을 말한다. 이렇게 의문문을 명사절로 쓴 문장은 의문문이 아니므로 주어와 동사의 위치를 바꿀 필요가 없다. Yes/No Questions가 명사절로 쓰일 때는 if나 whether를 사용하고, 의문사가 있는 의문문은 의문사를 앞에 내세운다. 'whether/if 또는 의문사+주어+동사~'

- Sara가 예뻐 보이네요, 그렇지 않아요?
- A: 너 너무 늦었잖아! 오늘 학교 안 갈 거야?
  B: 물론 갈 거예요.
- 당신이 그를 만나면, 그가 내 케이크를 먹었는지 물어봐 줄래요?

Unit 2 법조동사

법조동사란 동사가 표현하는 동작에 대한 설명을 도와주는 말이에요. 구체적인 행위나 상태는 동사로 나타내지만, 법조동사는 그 행위를 반드시 해야 하는지(필요/의무), 그 행위를 하는 것이 바람직한지(충고), 그 행위를 해도 좋은지(허락), 그 행위를 할 것 같은지(추측/가능), 그 행위를 할 능력이 있는지(능력) 등의 부차적인 의미를 덧붙여 줍니다.

'나는 숙제를 한다.'를 법조동사가 쓰인 의미로 바꾸면 아래와 같은 문장이 돼요.

나는 숙제를 해야 한다. (필요/의무) 나는 숙제를 하는 것이 좋겠다. (충고) 나는 숙제를 해도 된다. (허락) 나는 숙제를 할 수 있을 것이다. (추측/가능) 나는 숙제를 할 수 있다. (능력)

법조동사가 동사를 도와주는 역할을 하므로 문장에서 동사가 가지는 역할을 법조동사가 대신하게 되지요.

Chapter 3 조동사

I 능력, 허락, 부탁

I can play the guitar very well.

능력(ability)을 나타내는 조동사는 can이다. 같은 뜻을 가진 조동사구는 be able to이며 과거 시제일 경우 could, was/were able to, 미래 시제는 will be able to로 나타낸다.

You can(may) not watch TV now.

'~해도 좋다'라는 뜻으로 허락(permission)을 나타내는 조동사로는 can과 may가 있다.

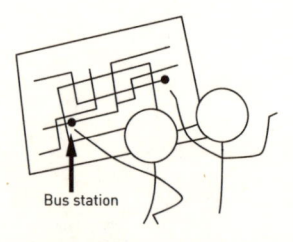

Could you tell me how to get to the bus station?

can과 may를 이용한 의문문은 허락이나 부탁을 나타낸다.
Can I ~?/May I ~?
제가 ~해도 될까요?
Will you ~? ~해 주실래요?
Could you ~?/Would you ~?
~해 주시겠습니까? (공손한 표현)

- 나는 기타를 아주 잘 친다.
- 넌 지금은 TV를 볼 수 없어.
- 어떻게 버스 정류장에 가는지 가르쳐 주시겠어요?

2 추측, 확신

A: Where is Tom?
B: He may be in his office.

'~일지도 모른다' 라는 뜻으로 추측을 나타내는 조동사는 may, might, could가 있다.

She must be pretending to sleep.

'~임에 틀림없다' 라는 뜻으로 확신을 나타낼 때에는 조동사 must를 사용한다.

A: I heard that Sara is going to get a scholarship.
B: That can't (couldn't) be true!

추측이나 확신에 대한 부정을 나타낼 때에는 not을 사용하는데 추측에 대한 부정은 may not, might not(~아닐지도 모른다)이며, 확신에 대한 부정은 must not(~아닌 것이 틀림없다), can't, couldn't(~일 리가 없다)이다.

- A: Tom은 어디에 있어?
  B: 그는 아마 사무실에 있을 거야.
- 그녀는 자는 척 하고 있는 것이 틀림없다.
- A: 나는 Sara가 장학금을 탈 것이라고 들었어.
  B: 그건 사실일 리가 없어!

3 필요, 의무, 제안, 권유

You must come home by 9 o'clock.

'~해야 한다'라는 뜻의 필요와 의무를 나타내는 조동사는 must이며, 같은 뜻을 가진 조동사구는 have to이다.

You don't have to hurry. 10 minutes left.

must와 have to는 부정형으로 되었을 때 서로 뜻이 달라진다. must not은 '~해서는 안 된다'의 의미로 금지를 나타내며, have to의 부정형인 don't have to는 '~할 필요가 없다'라는 뜻으로 불필요를 나타낸다.

You should wear gloves when you're skiing.

충고를 나타내는 조동사로는 should와 ought to가 있다. 그 의미는 '~해야 한다', '~하는 것이 중요하다'이며 의무를 나타내는 의미와 혼동하지 말아야 한다.

- 너는 9시까지 집에 와야 한다.
- 너는 서두를 필요 없어. 10분 남았거든.
- 너는 스키를 탈 때 장갑을 껴야 한다.

4 과거의 습관

Before

Now

과거에 했던 습관이지만 현재에는 하지 않는 동작을 표현할 때는 would를 사용한다. 같은 의미의 조동사구로 used to를 사용한다.

I would(used to) wear glasses.

used to는 과거의 습관뿐만 아니라 과거의 상태를 표현할 때에도 사용하며, would는 과거의 습관적인 행동만 가리킨다.

There used to be a bakery.
There is a jewelry shop now.

used to의 부정형은 used not to 또는 didn't use to, never used to로 쓰인다.

I didn't use to listen to classical music.
I've always listened to rock music.

- 나는 안경을 썼었다.
- 여기에 제과점이 있었다. 지금은 보석 가게가 있다.
- 나는 클래식 음악은 듣지 않았다. 나는 항상 록 음악을 들어 왔다.

5 조동사의 과거형 (1)

She had to run to catch the bus.

의무를 나타내는 must의 과거형은 항상 had to로 쓰고 '~해야 했다.'로 해석한다.

Tom must have had my sandwich.

강한 추측이나 확신을 나타내는 must는 must have+p.p.의 형태로 쓰며, 그 의미는 '~이었던 것이 틀림없다.'이다. 줄여서 must've+p.p.로 쓰기도 한다.

She looks sleepy. She might have studied all night.

추측이나 예상을 나타내는 may, might의 과거형은 may have+p.p. 또는 might have+p.p.이다. 줄여서 may've+p.p. 또는 might've+p.p.로 쓰기도 하며 '~이었을지도 모른다.'로 해석한다.

- 그녀는 버스를 타기 위해 뛰어야만 했다.
- Tom이 내 샌드위치를 먹은 것이 틀림없다.
- 그녀는 졸려 보인다. 그녀는 밤새 공부를 했을지도 모른다.

5-1 조동사의 과거형 (2)

He is late again. I should have called him in the morning.

일반적인 충고를 나타내는 should의 과거형으로 should have+p.p.를 사용한다. 줄여서 should've+p.p.로 쓰기도 하며, '~했었어야 했는데 (실제로 하지 않았다)'로 해석한다.

If I hadn't had an appointment yesterday, I would have met you for dinner.

의지를 나타내는 will의 과거형은 would이지만 지나간 과거에 대한 후회를 나타내는 표현으로 would have+p.p./would've+p.p.를 사용하며, '~했을 텐데(실제로 하지 않았다)'라고 해석한다.
이 표현은 if가 쓰인 가정법에서 많이 쓰인다.

You could have finished the work. Why didn't you do it?

능력을 나타내는 can의 과거형은 could이지만 지나간 과거에 대한 후회를 나타내는 표현으로 could have+p.p./could've+p.p.를 사용하며 '~할 수 있었을 텐데 (실제로 하지 않았다)'라고 해석한다.

- 그가 또 늦네. 내가 아침에 그에게 전화를 했어야 했는데.
- 만약 내가 어제 약속이 없었다면 너와 만나서 저녁을 먹었을 거야.
- 넌 그 일을 끝마칠 수 있었어. 왜 그렇게 하지 않았지?

Unit 3 수동태

수동태를 이해하기 위해서는 상대방의 입장을 잘 이해하는 마음이 필요해요. 자신만 생각하는 이기적인 시선으로는 절대 수동태 문장을 쓸 수 없지요. 문장에서 동사가 나타내는 동작을 하는 주체를 주어라고 합니다. 그리고 그 동작의 대상을 목적어라 하구요. 이 동작이 '주어'가 직접 '목적어'에게 하는 것을 능동태라고 합니다. 반대로 목적어의 입장에서 보면 '목적어'는 '주어'에게 행위를 당하는 것이 됩니다. 이것을 수동태라고 해요.

물론, 누가 행위를 했는지 모를 수도 있고, 누가 행위를 했는지 말하고 싶지 않을 때도 있고, 너무 뻔해서 누구나 알 수 있는 거라면 굳이 쓸 필요가 없겠죠. 주어가 없으면 어떻게 문장이 되냐고요? 물론 수동태이기 때문에 가능해요. 목적어가 주어 자리에 앉아서 동사를 변형시켜 그 문장을 목적어의 입장에서 설명하게 되는 거죠.

Ⅰ 수동태의 시제

수동태의 형태는 be+p.p.이므로 수동태가 쓰인 문장의 동사는 be동사이다.
따라서 수동태의 시제 표현은 be동사의 시제 변화에 따른다.

단순 시제	현재	The picture is painted by John.
	과거	The picture was painted by John.
	미래	The picture will be painted by John.
완료 시제	현재완료	The picture has been painted by John.
	과거완료	The picture had been painted by John.
진행 시제	현재진행	The picture is being painted by John.
	과거진행	The picture was being painted by John.
	미래진행	The picture will be being painted by John.
	현재완료진행	The picture has been being painted by John.
	과거완료진행	The picture had been being painted by John.
조동사		The picture can be painted by John.
		The picture should be painted by John.
		The picture might have been painted by John.

2 자동사와 타동사 (1)

타동사는 목적어를 가지는 동사로 수동태 표현이 가능하다. 그렇지만, 목적어를 가지지 않는 자동사는 의미상 수동태로 표현이 불가능하다.

수동태가 될 수 없는 자동사

rise 오르다.

sit 앉다.

lie 눕다, 놓여있다.

look 보이다.

arrive 도착하다.

happen 발생하다.

occur 발생하다.

take place 발생하다.

decline 하락하다.

appear 나타나다.

disappear 사라지다.

exist 존재하다.

remain 지속되다.

deteriorate 상태가 악화되다.

grow 수량이 많아지다.

consist of 구성되어 있다.

2-1 자동사와 타동사 (2)

My family consists of four.
My family is consisted of four. (X)

자동사 중에는 수동의 의미를 이미 가지고 있는 동사가 있으므로 수동태를 사용하지 않도록 특히 주의해야 한다.

The large amount of corn was grown by the farmer.

자동사 중에서 다른 의미를 가지면 타동사가 되는 grow는 의미에 따라 수동태로 표현이 가능하다.

grow 1 성장하다, 증대하다. (자동사)
　　　 2 기르다, 재배하다. (타동사)

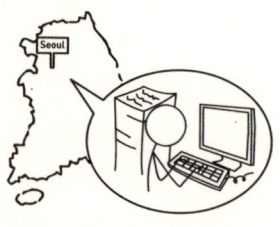

My office is located in Seoul.

locate, base와 같은 동사는 타동사이지만 상태를 나타내는 동사이므로 'by+행위자'를 쓰지 않고 '다른 전치사+목적어'를 사용한다.

be located in ~에 위치하다.
be based on ~을 바탕으로 하다.

- 나의 가족은 4명으로 구성되어 있다.
- 많은 양의 옥수수가 그 농부에 의해 재배되었다.
- 나의 사무실은 서울에 위치해 있다.

3 문장의 형식에 따른 수동태

I gave her a ring.
She was given a ring by me.
A ring was given to her by me.

4형식의 문장에서는 목적어가 둘이므로 두 목적어를 각각 주어로 삼는 두 가지 형태의 수동태 표현이 가능하다.

I was offered the job but I refused it.
The job was offered (to) me but I refused it.

4형식의 문장을 수동태로 표현할 때, 직접목적어가 주어인 경우 간접목적어 앞에 to는 생략 가능하다.

I have called him a fool.
He has been called a fool by me.

5형식 문장은 '주어+동사+목적어+목적보어' 이므로, 어순과 문장의 의미에 유의하여 목적보어를 주어로 취해 수동태로 만들지 않도록 주의한다.

A fool has been him by me. (X)

- 나는 그녀에게 반지를 주었다. / 그녀는 나에게 반지를 받았다. / 반지는 나에 의해 그녀에게 주어졌다.
- 나는 그 직장을 제의 받았지만 그것을 거절했다. / 그 직장은 나에게 제의 되었지만 나는 그것을 거절했다.
- 나는 그를 바보라고 불러 왔다. / 그는 나에 의해서 바보라고 불려져 왔다.

4 주요 수동태 표현 (1)

that으로 시작되는 명사절을 수동태로 나타낼 때는 가주어 it을 주어로 쓰거나 명사절의 주어를 문장의 주어로 쓴다.

- [ ] **It is believed that~** ~여겨지다.
- [ ] **It is thought that~** ~간주되다.
- [ ] **It is said that~** ~여겨지다, ~하다고들 말한다.

감정을 나타내는 수동태는 by 대신 다른 전치사가 쓰인다.
감정 상태를 나타내는 동사는 수동태로 쓰일 때 그 감정을 느끼는 사람이 주어로 쓰인다.

- [ ] **be pleased with** ~에 기뻐하다.
- [ ] **be surprised at(by)** ~에 놀라다.
- [ ] **be bored with** ~에 진력이 나다.
- [ ] **be interested in** ~에 흥미가 있다.
- [ ] **be disappointed with** ~에 실망하다.
- [ ] **be excited about** ~에 흥분하다.
- [ ] **be satisfied with** ~에 만족하다.
- [ ] **be scared of** ~에 겁을 먹다.
- [ ] **be tired of(from)** ~에 진저리가 나다.
- [ ] **be worried about** ~을 걱정하다.
- [ ] **be concerned about** ~을 걱정하다, 염려하다.

4-1 주요 수동태 표현 (2)

뒤에 오는 전치사에 따라 의미가 변하는 동사

- **be known for** ~로 알려지다.
- **be known as** ~로서 알려지다.
- **be known to** ~에게 알려지다.
- **B be made of A** B는 A로 만들어지다. (물리적 변화)
- **B be made from A** B는 A로 만들어지다. (화학적 변화)
- **A be made into B** A가 B로 만들어지다.

다양한 전치사를 이용하여 관용적인 수동태 표현

- **be involved in** ~에 연루되다, 관계되다.
- **be included in** ~에 포함되다.
- **be composed of** ~로 구성되다.
- **be attached to** ~에 첨부되다.
- **be caused by** ~때문에 발생되다.
- **be injured in** ~에 부상 당하다.
- **be filled with** ~으로 채워지다.
- **be covered with** ~으로 덮여 있다.

'be동사+p.p.+to부정사'의 형태로 자주 쓰이는 표현
수동태 뒤에 동사가 또 나올 경우 뒤에 나오는 동사는 부정사로 바꾸어 나타낸다.

- **be required to** ~하는 것이 요구되다.
- **be allowed to** ~하는 것이 허락되다.
- **be expected to** ~하는 것이 기대되다.
- **be forced to** ~하는 것이 강요되다.
- **be reminded to** ~하는 것이 상기되다.
- **be advised to** ~하는 것을 조언 받다.

4-2 주요 수동태 표현 (3)

It is said that they have five cars.

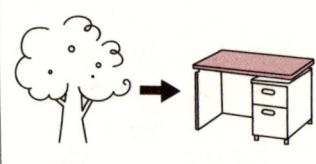

This desk **was made of** wood.

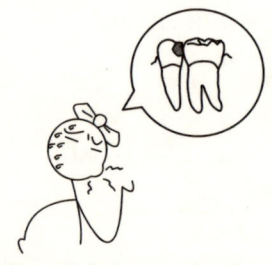

I'm worried about my teeth.
They are aching.

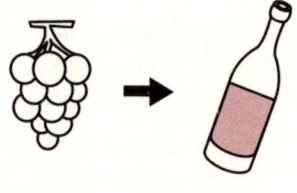

This wine **was made from** grapes.

All guests in the party **are required to get** dressed up.

Some files **are attached to** the e-mail.

- 그들이 자동차를 다섯 대 가지고 있다고들 말한다. • 나는 나의 이가 걱정된다. 이가 아프다.
- 파티의 모든 손님에게 정장을 입는 것이 요구되었다.
- 이 책상은 나무로 만들어졌다.
- 이 와인은 포도로 만들어졌다.
- 몇 개의 파일이 그 이메일에 첨부되어 있다.

Unit 4 준동사

동사는 문장 안에서 하는 일이 무척 많아요. 그리고 의미상으로도 큰 비중을 차지하고 있지요. 동사는 동사라는 이름으로만 활동하기엔 너무나 많은 능력을 가지고 있어서 다른 품사로 변신을 하곤 합니다. 이렇게 다른 품사로 변신한 것을 준동사라고 하며 그 활용 범위는 아주 넓습니다.

준동사의 종류에는 to부정사, 동명사, 분사 3가지가 있어요.

to부정사는 명사, 형용사, 부사의 역할,

동명사는 명사의 역할,

그리고 분사(현재분사, 과거분사)는 형용사의 역할만 합니다.

이렇게 모습이 바뀌지만 동사는 그 성격을 잃지 않아요.

동사에 꼭 따라다니는 목적어가 있을 경우 그 목적어를 항상 뒤에다 두고 변신하지요.

Chapter 5 to부정사

1 주어, 보어, 목적어로 쓰는 to부정사

to부정사는 문장에서 명사로 쓰일 경우 주어, 보어, 목적어의 역할을 할 수 있다. 그 뜻은 '~하는 것'으로 해석한다.

평서문 문장의 맨 앞에 to부정사가 쓰이면 to부정사는 주어로 쓰인 것으로 본다.
현대 영어에서는 to부정사가 주어로 쓰일 경우 주로 to부정사 대신 주어 자리에 가주어 it을 두고 to부정사를 문장 뒤로 옮겨 사용한다.

To sing a song always makes me happy.

It always makes me happy **to sing a song**.

to부정사는 주어를 보충 설명하는 주격보어로 쓰일 수 있다.

My job is **to teach Math**.

to부정사는 타동사 뒤에 위치하여 목적어 역할을 할 수도 있으며 '~하는 것을'이라고 해석한다.

He **begins to work** on the assignment.

- 노래를 부르는 것은 항상 나를 행복하게 한다.
- 나의 직업은 수학을 가르치는 것이다.
- 그는 과제를 하기 시작한다.

2 동사+목적어+to부정사

My parents wanted me to be a doctor.

to부정사는 목적격보어로 쓰여 앞에 있는 목적어에 대한 보충 설명을 한다.

I saw my brother go out of his room.

사역동사와 지각동사가 쓰인 문장에서는 목적격보어로 to부정사를 쓰지 않고, 동사원형인 원형부정사를 사용한다. 단, help는 원형부정사와 to부정사를 모두 취할 수 있다.

사역동사: let, have, make, help
지각동사: look, see, watch, hear, listen, smell, taste, feel

I was made to wash my hands by mom.

사역동사나 지각동사가 쓰인 문장이 수동태가 되면 원형부정사를 쓰지 않고 to부정사를 사용한다. 수동태 문장의 동사는 be동사이기 때문이다.

- 나의 부모님은 내가 의사가 되기를 원한다.
- 나는 나의 형이 그의 방에서 나오는 것을 보았다.
- 엄마는 나에게 손을 씻으라고 시켰다.

3 형용사 + to부정사

He was so rude to say to her like that.

사람의 감정이나 태도를 나타내는 형용사 뒤에 to부정사가 오면 형용사를 수식하는 부사 역할을 한다. 주로 감정이나 태도의 원인을 나타내며 '~해서'라고 해석한다.

It is kind of you to help your mom wash the dishes.

문장의 주어나 목적어가 to부정사가 의미하는 동작의 주체와 다를 경우 to부정사만의 주어를 나타내야 한다. 이를 to부정사의 의미상 주어라 하며 'for+목적격'으로 to부정사 앞에 위치한다. 단, 사람의 태도를 나타내는 형용사가 있을 경우 to부정사의 의미상 주어는 'of+목적격'으로 쓴다.

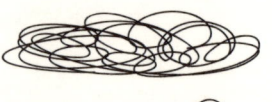

It is likely to rain.

to부정사와 함께 관용적으로 쓰이는 형용사

likely to ~할 것 같은
willing to 기꺼이 ~하는
ready to ~할 준비가 된
able to ~할 수 있는
reluctant to ~하는 것이 내키지 않는

- 그녀에게 그렇게 말하는 것을 보니 그는 너무 무례했다.
- 엄마가 설거지하는 것을 돕다니 넌 참 친절하구나.
- 비가 올 것 같다.

4 enough to, too ~ to

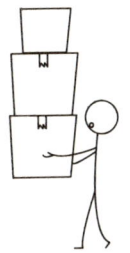

I am strong enough to lift up these boxes at a time.

'형용사/부사+enough+to부정사'는 '~할 만큼 충분히 ~한(~하게)로 해석된다.

We are too late to take the train. It may have already gone.

'too+형용사/부사+to부정사'는 '~하기에는 너무 ~한(하게)로 해석된다.

My hands are too dirty to shake hands with you.

형용사/부사+enough+to부정사
→ so+형용사/부사+that+주어+can+동사원형

too+형용사/부사+to부정사
→ so+형용사/부사+that+주어+cannot+동사원형

My hands are so dirty that I can't shake hands with you.

- 나는 한 번에 이 상자들을 들 수 있을 만큼 힘이 세다.
- 우리가 그 기차를 타기엔 너무 늦었어. 이미 가 버렸을 거야.
- 너랑 악수하기엔 내 손이 너무 더럽다.

5 명사+to부정사, 의문사+to부정사, 목적을 나타내는 to부정사

MP3 13-15

I need something to wipe out spilt milk.

to부정사는 명사 뒤에 위치하여 명사를 수식하는 형용사로 쓰인다.

I don't know how to start this copy machine.

의문사+to부정사

what to do	무엇을 해야 하는지
when to do	언제 해야 하는지
where to do	어디서 해야 하는지
how to do	어떻게 해야 하는지

I went to the flower store (in order) to buy some flowers for my girlfriend.

'~하기 위해서' 라고 목적을 나타내는 to부정사 표현은 'in order+to부정사', 'so as+to부정사'가 있다.

- 나는 쏟아진 우유를 닦을 것이 필요하다.
- 나는 이 복사기를 작동하는 방법을 모른다.
- 나의 여자 친구에게 줄 꽃 몇 송이를 사기 위해 꽃집에 갔다.

Chapter 6 동명사

I 주어, 보어, 목적어로 쓰는 동명사

동명사는 동사가 명사로 변화한 것이다. 그래서 명사의 역할과 같으며 문장의 주어, 보어, 목적어로 쓰인다.

MP3 1-3

Taking a bath in a bathtub makes me relax.

평서문 문장에서 동명사가 주어로 쓰이면 문장의 앞에 위치하며 단수 취급한다. 동명사는 to부정사처럼 가주어 it을 사용하지 않는다.

Today's homework is writing a letter to parents.

동명사는 문장에서 주어를 보충하는 보어로도 쓰인다.

I love singing a song in front of people.

동명사는 한 문장에서 타동사의 목적어로도 쓰인다.

- 욕조에서 목욕을 하는 것은 나를 편안하게 만든다.
- 오늘의 숙제는 부모님께 편지를 쓰는 것이다.
- 나는 사람들 앞에서 노래 부르는 것을 좋아한다.

2 동사+목적어+동명사, 동명사의 부정, 전치사+동명사

She was looking forward to him coming to her.

동명사의 의미상 주어는 문장의 주어와 같을 경우 따로 쓰지 않는다. 그렇지 않을 경우 동명사 앞에 의미상 주어를 소유격으로 쓰는 것이 어법에 맞지만 보통 목적격으로 쓰는 것이 일반적이다.

He is angry at me because of not talking about the bruise on my face.

동명사의 부정형은 동명사 앞에 not/never를 붙이는 것이며, '~하지 않는 것'으로 해석한다.

You can't go out anywhere without finishing the work.

명사와 같은 역할을 하는 동명사는 전치사의 목적어로도 쓰이며, 전치사를 포함하는 동사구 등에 자주 쓰인다. 특히 'by+동명사'는 수단이나 원인을 나타낼 때 사용한다.

- 그녀는 그가 그녀에게 오기를 학수고대하고 있었다.
- 내 얼굴에 멍이 든 것에 대해 말하지 않아서 그는 나에게 화가 나 있다.
- 그 일을 마치지 않고서는 넌 아무 데도 갈 수 없다.

3 동명사의 관용적인 표현

- [ ] **go -ing** ~하러 가다.
- [ ] **feel like -ing** ~할 것 같다.
- [ ] **go on -ing** 계속 ~하다.
- [ ] **can't help -ing** ~하지 않을 수 없다.
- [ ] **be worth -ing** ~할 가치가 있다.
- [ ] **insist on -ing** ~하기를 주장하다.
- [ ] **be busy -ing** ~하느라 바쁘다.
- [ ] **congratulate on -ing** ~하는 것을 축하하다.
- [ ] **be far from -ing** 결코 ~가 아니다.
- [ ] **have a hard time -ing / have difficulty -ing**
  have trouble -ing ~하는 데 어려움을 겪다.
- [ ] **be(get) used to -ing** ~하는 데 익숙하다.
- [ ] **look forward to -ing** ~하는 것을 학수고대하다.
- [ ] **keep A from -ing / prevent A from -ing** A가 ~하는 것을 막다.
- [ ] **spend A -ing** ~하는 데 A를 소비하다.
- [ ] **There is no -ing** ~하는 것은 불가능하다.
- [ ] **make a point of -ing** ~을 규칙적으로 하다.
- [ ] **it goes without saying that ~** ~라는 것은 말할 필요도 없다.

4 to부정사와 동명사 (1)

타동사 중에는 to부정사만을 목적어로 쓰는 동사가 있는가 하면, 동명사만을 목적어로 취하는 동사, 그리고 to부정사와 동명사 둘 다 사용 가능한 동사, 동명사가 목적어인 경우와 to부정사가 목적어인 경우 의미가 달라지는 동사가 있다.

to부정사를 목적어로 쓰는 동사

- ☐ **want** 원하다.
- ☐ **hope** 바라다.
- ☐ **expect** 기대하다.
- ☐ **encourage** 권장하다.
- ☐ **permit** 허락하다.
- ☐ **persuade** 설득하다.
- ☐ **wish** 바라다.
- ☐ **ask** 요구하다.
- ☐ **intend** 의도하다.
- ☐ **promise** 약속하다.
- ☐ **plan** 계획하다.
- ☐ **prefer** 선호하다.
- ☐ **decide** 결심하다.
- ☐ **get** 얻다.
- ☐ **order** 명령하다.
- ☐ **tell** 말하다.
- ☐ **require** 요구하다.
- ☐ **request** 요청하다.
- ☐ **allow** 허락하다.
- ☐ **advise** 충고하다.
- ☐ **cause** 초래하다.

동명사를 목적어로 쓰는 동사

- ☐ **enjoy** 즐기다.
- ☐ **finish** 마치다.
- ☐ **stop** 멈추다.
- ☐ **give up** 포기하다.
- ☐ **quit** 그만하다.
- ☐ **delay** 연기하다.
- ☐ **deny** 부인하다.
- ☐ **postpone** 연기하다.
- ☐ **miss** 놓치다, 그리워하다.
- ☐ **avoid** 피하다.
- ☐ **mind** 꺼리다.
- ☐ **practice** 연습하다.
- ☐ **consider** 고려하다.
- ☐ **keep** 유지하다.
- ☐ **imagine** 상상하다.
- ☐ **forgive** 용서하다.
- ☐ **suggest** 요청하다.
- ☐ **risk** 위험하다. (위험을) 각오하다, 모험하다

4-1 to부정사와 동명사 (2)

to부정사와 동명사를 둘 다 목적어로 쓰고 뜻이 같은 동사

- ☐ **like** 좋아하다.
- ☐ **love** 사랑하다.
- ☐ **prefer** 선호하다.
- ☐ **begin** 시작하다.
- ☐ **start** 시작하다.
- ☐ **continue** 계속하다.
- ☐ **hate** 미워하다.

to부정사와 동명사를 둘 다 목적어로 쓰지만 뜻이 달라지는 동사

☐ **remember**	**+to부정사** (미래의 일을) 기억하다.
	+동명사 (과거의 일을) 기억하다.
☐ **forget**	**+to부정사** (미래의 일을) 잊다.
	+동명사 (과거의 일을) 잊다.
☐ **try**	**+to부정사** 노력하다.
	+동명사 시도해 보다.
☐ **regret**	**+to부정사** 유감스럽게 여기다.
	+동명사 (과거의 일을) 후회하다.
☐ **need**	**+to부정사** (~할)필요가 있다. (능동의 의미)
	+동명사 (~되어야 할)필요가 있다. (수동의 의미)

stop은 목적어를 동명사로 취한다. 하지만 stop 뒤에 to부정사가 오는 경우 목적을 나타내는 부사적 용법이며 stop의 목적어가 아니다.
'~하기 위해 멈추다.' 라고 해석한다.

4-2 to부정사와 동명사 (3)

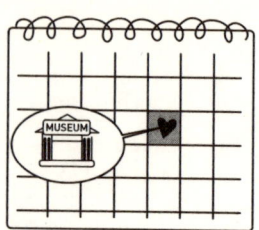

I planned to visit the National Museum.

I remember to see you tomorrow.
I remember that I am going to see you tomorrow.

Do you mind me opening the window?

I regret saying that I didn't love her.

I like playing the guitar.
I like to play the guitar.

My car needs cleaning.
My car needs to be cleaned.
I need to clean my car.

- 나는 국립 박물관을 방문하기로 계획했다.
- 제가 창문을 열어도 괜찮을까요?
- 나는 기타를 연주하는 것을 좋아한다.
- 나는 내일 너를 만날 것을 기억하고 있다.
- 나는 내가 그녀를 사랑하지 않는다고 말했던 것을 후회한다.
- 내 차는 세차될 필요가 있다. / 내 차는 세차할 필요가 있다.

Chapter 7 분사

1 분사의 종류와 위치

분사는 동사의 성질을 유지하면서 형용사나 부사로서 사용되며, 문장에서 주격보어, 목적격보어에 사용된다. 분사에는 현재분사와 과거분사가 있다. 1-3

I hear him singing now!

현재분사

분사가 수식하는 명사와 분사의 관계가 능동, 진행의 의미일 때 '동사+ing' 형태로 사용된다. 또한, 사역동사 뒤에 오는 원형부정사를 현재분사로 대신 쓸 수 있는데, 이 경우 진행의 의미가 강조된다.

All the students were confused.

과거분사

분사가 수식하는 명사와 분사의 관계가 수동, 완료의 의미일 때 사용된다.
형태는 규칙동사일 경우 동사+(e)d, 불규칙동사일 경우 그 동사만의 과거분사 형태를 갖는다.

The man dancing on the table is my father.

분사가 명사를 꾸밀 경우 명사 앞에서 수식하는 것이 일반적이며, 분사가 의미상의 목적어나 전치사구를 동반해야 할 때는 명사 뒤에서 수식한다. 또한 주격보어로 쓰일 경우 be동사 뒤, 목적격보어로 쓰일 경우 목적어 뒤에서 쓰인다.

- 나는 지금 그가 노래 부르는 것을 듣고 있다.
- 모든 학생들이 혼란스러워 했다.
- 탁자 위에서 춤을 추고 있는 사람은 나의 아버지이다.

2 분사구문

분사구문이란 '접속사+주어+동사~'의 부사절을 분사를 포함한 부사구로 간단하게 표현하는 구문으로, 분사가 부사로 사용되는 경우이다.

While she was listening to the radio, she was writing a letter.
➡ **Listening to the radio, she was writing a letter.**

부사절에 있는 접속사를 생략하고 주절의 주어와 부사절의 주어가 같을 경우 주어를 생략하며, 동사를 능동/수동의 의미에 맞게 현재분사 또는 과거분사로 바꾼다.
이때, 분사구문은 주로 시간, 원인, 조건, 양보, 동시 동작의 의미를 가진다.

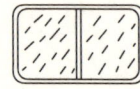

Because it started raining so hard, we had to cancel the picnic.
➡ **It starting raining so hard, we had to cancel the picnic.**

부사절의 주어와 주절의 주어가 같지 않으면 부사절에 있는 주어를 생략하지 않는다.

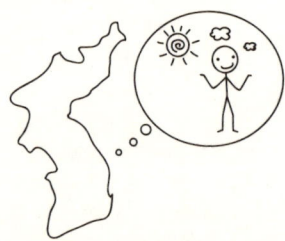

Generally speaking, the climate of Korea is mild.

관용적으로 쓰이는 비인칭 독립분사구문

generally speaking 일반적으로 말해서
frankly speaking 솔직히 말해서
granting that~ 만약 ~라면
considering~ ~을 고려해서
supposing~ ~라고 가정하면
given~ ~라고 가정하면
provided(providing) that~ ~라고 가정하면

- 그녀는 라디오를 들으면서 편지를 쓰고 있었다.
- 비가 너무 세차게 내리기 시작해서, 우리는 소풍을 취소해야만 했다.
- 일반적으로 말해서, 한국의 기후는 온화하다.

Unit 5 품사

고등학교에는 학생회라는 것이 있죠. 거기에는 학생회장, 부회장, 학술부장, 미화부장, 체육부장 등 직책을 나타내는 말이 있어요. 이러한 직책은 단순히 학생회 안에서의 역할을 나타낼 뿐 그 직책에 있는 학생의 실제 이름은 아니에요.

말도 마찬가지입니다. 직책을 나타내는 말처럼 단순히 문장 안에서의 역할을 나타내는 것은 문장 성분일 뿐 그 말의 이름은 아닙니다. 그 말의 개념을 규정짓는 것이 바로 품사예요.

품사란 말의 종류를 말합니다. 문장에서 쓰이는 모든 단어는 저마다 종류가 달라요. 각 말에는 특징이 있으며 품사마다 가질 수 있는 '직책'이 서로 다르다는 걸 기억하세요.

1 셀 수 있는 명사와 셀 수 없는 명사 (I)

실제로 존재하는 물질이나 수량을 나타내는 보통명사는 대부분 셀 수 있는 명사이다.

하지만 실제로 존재하지 않는 개념을 나타내는 추상명사인데
셀 수 있는 명사로 구분하는 경우도 있다.
셀 수 있는 명사는 하나일 때 a/an을 붙여 사용하고,
한정사(the/소유격 등)가 있을 경우에는 a/an을 쓰지 않는다.

**셀 수 없는 명사는 단수 형태로만 존재하여
그 수가 많더라도 항상 단수 취급한다.**

셀 수 없는 명사는 a/an, -s가 붙지 않은 채로 사용되지만,
소유격과 the와 같은 한정사는 붙일 수 있다.
또한 양을 표현하는 some, much, (a) little을 함께 쓸 수 있다.

바지, 안경, 망원경, 가위 등 두 갈래가 하나로 합쳐져서 만들어진 물건은
항상 복수형으로 사용되며 a/an, two, three 등이 앞에 올 수 없고,
개수를 세려면 a pair of~를 쓴다.

1-1 셀 수 있는 명사와 셀 수 없는 명사 (2)

아래 명사는 '셀 수 있는 명사와 셀 수 없는 명사'로 둘 다 쓰일 수 있지만 각각 의미가 달라진다.

	셀 수 있는 명사일 때	셀 수 없는 명사일 때
glass	컵, 안경	유리
hair	머리카락 한 올	머리
time	횟수, 기간	시간
iron	다리미	철
paper	신문, 보고서	종이
light	전등	빛
work	작품	일, 작업
room	방	공간
experience	과거의 경험	경력

1-2 셀 수 있는 명사와 셀 수 없는 명사 (3)

There are an apple and a tomato on a table.

She has long hair.

Two women are keeping their babies from touching photos on the shelves.

There is a hair in my tea.

A: I feel thirsty. I need water.
B: There's no water. Would you like to drink juice or milk instead?

I bought my son two pairs of gloves.

- 탁자 위에 사과 하나와 토마토 하나가 있다.
- 두 여자가 그들의 아기가 선반 위의 사진들을 만지지 못하게 하고 있다.
- A: 목이 마르네. 물이 필요해.
  B: 물은 없어. 대신에 주스나 우유 마실래?
- 그녀는 긴 머리를 가졌다.
- 내 찻잔에 머리카락 한 올이 있다.
- 나는 나의 아들에게 장갑 두 켤레를 사줬다.

1-3 셀 수 있는 명사와 셀 수 없는 명사 (4)

I ate a piece of bread and a cup of milk for lunch.

셀 수 없는 명사는 셀 수 있는 단위명사를 이용하여 양을 나타낼 수 있다.

'단위명사+of+셀 수 없는 명사'

There is sand in my shoes.

작은 부분들이 모여 있는 물질명사, 생각이나 개념들을 가리키는 추상명사는 셀 수 없는 명사로 규정한다.

sugars

Put three sugars in my tea, please.

셀 수 없는 명사들이 어떤 종류, 제품, 낱개의 개체를 의미할 때는 셀 수 있는 명사로 바뀌기도 한다.

three spoons of sugar (O)
three lumps of sugar (O)

- 나는 점심으로 빵 한 조각과 우유 한 컵을 먹었다.
- 내 신발에 모래가 있다.
- 제 차에 설탕 세 스푼을 넣어 주세요.

1-4 셀 수 있는 명사와 셀 수 없는 명사 (5)

셀 수 없는 명사

[작은 알갱이로 이루어진 물질명사]
rice, sand, dirt, dust, flour, salt, sugar, hair

[집합명사]
food, furniture, money, mail, fruit, garbage, baggage, luggage, scenery, traffic, news, damage, climate, weather, clothing, jewelry

[물질명사]
water, coffee, tea, milk, soup, blood, ice, bread, cheese, gold, iron, glass, paper, wood, air, steam, smoke, fog, heat, humidity, lightning, rain, wind

[추상명사]
accommodation, behavior, luck, permission, advice, progress, chaos, information, knowledge, patience, peace, chess, golf, soccer, tennis, baseball, vocabulary, work, travel

[언어, 학문]
Korean, Japanese, English, French, Chinese, German, Spanish, history, literature, geology, psychology, sociology, paleontology

셀 수 있는 명사

[복수형과 단수형이 같은 명사]
sheep, fish, deer, salmon

[-s로 끝나지 않는 복수명사]
man-men, woman-women, child-children, person-people
foot-feet, tooth-teeth, ox-oxen, mouse-mice, goose-geese

2 단수명사와 복수명사

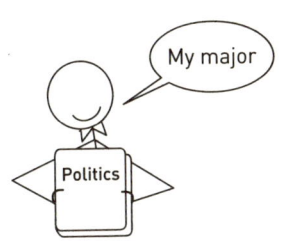

Politics is my major.

economics(경제학),
mathematics(수학),
physics(물리학),
politics(정치학),
ethics(윤리학) 등의 학교 교과목이나
billiards(당구),
darts(화살 던지기 게임) 등
게임 종류를 지칭하는 명사와
질병 이름도 복수형이 없이
항상 단수로 취급한다.

Fine clothes make the man.

단수형이 없이 항상 복수로 취급되는
명사가 있는데,
clothes(옷), arms(무기),
goods(상품), thanks(감사),
belongings(소지품) 등이다.

Police are investigating the cause of the fire.

또한, 복수명사의 형태가 아니지만
항상 복수 취급하는 명사가 있다.
이러한 명사에는 media, police가
있다.

- 정치학은 나의 전공이다.
- 옷이 날개다. (속담)
- 경찰이 화재의 원인을 조사하고 있다.

1 a/an과 the (1)

관사에는 부정관사 a/an과 정관사 the가 있다.

I'm having a sandwich.

부정관사
a/an은 셀 수 있는 명사가 단수일 경우, 기본적으로 '하나의' 라는 의미를 가지고 있다.

I had a sandwich. The sandwich was made by my sister.

정관사
정관사 the는 단수 또는 복수명사 앞에서 쓰이며, 기본적인 뜻은 '그', '바로 그것' 이라는 의미를 가지고 있다. 그래서 앞서 언급된 명사 앞에 쓰인다.

There is a tall tree in the beautiful garden.

명사를 수식하는 형용사나 분사가 있을 경우 관사는 형용사 앞에 위치한다.
관사-형용사-명사

- 나는 샌드위치 하나를 먹고 있다.
- 나는 샌드위치를 먹었다. 그 샌드위치는 나의 누나가 만든 것이다.
- 아름다운 정원에 키가 큰 나무가 있다.

1-1 a/an과 the (2)

1   2   3

I brush my teeth three times a day.

부정관사 a/an은 '매 ~마다' (every, per)라는 뜻을 가질 때도 있다.

singer   actor

He is a singer and actor.

하나의 사람이나 사물을 나타내는 명사가 둘 이상일 경우 관사는 하나만 쓴다.

Do you have a car?

명사 앞에 부정관사 a/an가 쓰이면 그 명사는 그 명사의 종류 중에 불특정한 하나를 가리킨다.

- 나는 하루에 이를 세 번 닦는다.
- 그는 가수이자 배우이다.
- 너 자동차 가지고 있니?

1-2 a/an과 the (3)

(1)명사 앞에 서수나 형용사의 최상급이 올 때 (2)서로가 알고 있거나 보고 있는 사물을 가리킬 때 (3)악기, 신체 일부분 앞 (4)only, same과 같이 하나로 포괄된 의미를 가지고 있는 형용사가 명사를 수식할 때 (5)명사를 꾸며주는 수식어구나 형용사절이 한정 수식할 때, 정관사 the를 사용한다.

🎵 7-12

Would you close the window?

He plays the violin very well.

My classroom is on the second floor.

**He is riding his bike.
I have the same bike.**

Mary is the tallest girl of them.

Do you know the boy who has a ball over there?

- 창문 좀 닫아 주시겠습니까?
- 나의 교실은 2층에 있다.
- Mary는 그들 중에서 가장 키가 큰 여자애이다.
- 그는 바이올린을 정말 잘 켠다.
- 그는 그의 자전거를 타고 있다.
  나는 그것과 같은 자전거를 가지고 있다.
- 너는 저기에 공을 가지고 있는 남자애를 아니?

1-3 a/an과 the (4)

My dream is to fly to the moon by spaceship.

세상에 하나 밖에 존재하지 않는 사물에 대해서는 항상 정관사 the를 사용한다.
the universe, the sun,
the moon, the earth, the sea,
the sky, the ground

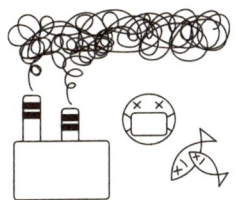

The pollution of the environment is one of the serious problems these days.

city, army, country, environment과 같은 집합명사는 항상 정관사 the를 함께 쓴다.

I went to the theater in the city, because there isn't a theater in my town.

end, cinema, theater, radio와 같은 명사에는 부정관사를 쓰지 않고 정관사 the를 쓴다. 하지만 '하나의'라는 의미를 나타낼 때에는 a/an을 사용한다.

- 나의 꿈은 우주선을 타고 달에 가는 것이다.
- 환경 오염은 오늘날 심각한 문제 중에 하나이다.
- 나는 도시에 있는 극장에 갔었다. 왜냐하면 우리 동네엔 극장이 하나도 없기 때문이다.

2 무관사, 고유명사와 관사 (1)

I had spaghetti for dinner.

breakfast, lunch, dinner와 같이 식사를 나타내는 명사는 관사를 쓰지 않는다.
단, 형용사가 앞에서 식사 명칭을 꾸밀 경우에는 관사를 붙인다.
We had a very nice lunch.

I enjoy playing basketball with my friends.

스포츠 종목은 관사 없이 쓴다.

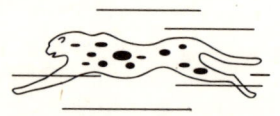

Cheetahs are the fastest animal in the world.
The cheetah is the fastest animal in the world.

대표명사를 나타낼 때는 셀 수 있는 명사일 경우 관사 없이 복수명사만 쓰고, 셀 수 없는 명사일 경우 역시 관사 없이 쓰는 것이 일반적이다. 그 외에 'a/an+단수명사'로 대표명사를 나타내거나 동물, 식물일 경우 'the+단수명사'의 형태로 대표명사를 나타낸다.

- 나는 저녁으로 스파게티를 먹었다.
- 나는 내 친구들과 농구 하는 것을 즐긴다.
- 치타는 세상에서 가장 빠른 동물이다.

2-1 무관사, 고유명사와 관사 (2)

I go to school at 7:00.

동사의 의미가 뒤에 나오는 명사와 관련이 있거나 앞서 언급한 명사도 아닌 경우 그 명사 앞에는 관사를 쓰지 않는다.
go to bed, be in hospital, go to church

I go to the school at 7:00. (X)

Let me start the lecture. Please open page 29.

'명사+숫자'로 이루어진 고유명사는 관사를 쓰지 않는다.
page 8, Room 201, Platform 3, size 9

He says that he wants to be an Edison.

역사적인 인물이나 위인의 이름 같은 고유명사가 대표적인 명사로 쓰일 경우 부정관사 a/an을 쓴다.

- 나는 7시에 학교에 간다.
- 강의를 시작하겠습니다. 29쪽을 펴세요.
- 그는 에디슨 같은 사람이 되고 싶다고 말한다.

2-2 무관사, 고유명사와 관사 (3)

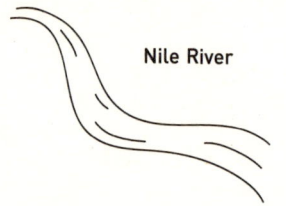

The longest river in the world is the Nile.

사람의 이름 앞에는 관사를 붙이지 않는다. 마찬가지로 지명과 특정 브랜드나 상호에도 관사를 붙이지 않는다. 하지만 건물의 이름 앞에는 the를 붙이는 경우가 많다.
또한, 바다, 강 등의 이름 앞에도 정관사 the를 붙인다.

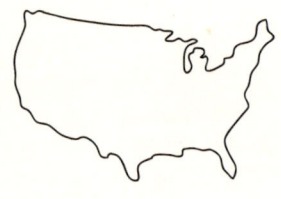

The United States of America

그리고 국가의 이름 중에 Republic, Kingdom, States가 포함되어 있을 경우 the를 붙여 사용한다.

The French are famous for their food.

또한, 'the+국가 이름(국가의 형용사형)'은 그 나라의 사람들을 가리킨다.

- 세계에서 가장 긴 강은 나일 강이다.
- 미국
- 프랑스인들은 그들의 음식으로 유명하다.

1 all, every, each

All children should be taken care of.

all은 '모든 ~'의 뜻으로 형용사로도 쓰이지만, '모든 사람, 모든 것'이라는 대명사로도 쓰인다. all 뒤에 셀 수 있는 명사가 올 경우 복수명사를 쓰며, 셀 수 없는 명사나 단수명사가 오면 '전체의'라는 뜻으로 쓰인다.

Each student wears a school uniform.

each는 '각각의, 각자의'라는 뜻으로 항상 단수 취급을 한다. 따라서 each가 수식하는 명사는 항상 단수명사이다.

every second weekend

We don't go to school every second weekend.

every는 '모든~'이라는 뜻으로 all과 같지만 항상 단수로 취급하므로 주의한다.
every는 관사와 함께 쓰지 않지만 소유격대명사와 함께 쓸 수 있다.
'every+서수(first, second)+단수명사'
'every+수사(two, three)+복수명사' 의 형태일 때 every는 '매~마다'의 의미를 갖는다.

- 모든 아이들은 보살핌을 받아야 한다.
- 각 학생들은 교복을 입는다.
- 우리는 매달 두 번째 주말에 학교에 가지 않는다.

2 many, much

I own many houses in many cities.

수량을 나타내는 many는 '많은'이라는 의미로 셀 수 있는 명사의 복수형과 항상 함께 쓰이며, 대명사로도 쓰일 수 있다.

I feel ill. Maybe it's because I had too much milk.

much는 양을 나타내는 표현으로 셀 수 없는 명사와 함께 쓰이며, 대명사로도 쓰일 수 있다.

I have a lot of homework to do today.

many와 much는 둘 다 so, too와 같은 부사의 수식을 받을 수 있다. 또한 수량을 나타내는 표현으로 셀 수 있는 명사, 셀 수 없는 명사와 상관없이 a lot of, a great deal of, a plenty of와 같은 표현으로 바꾸어 쓸 수 있다.

- 나는 많은 도시에 많은 집을 소유하고 있다.
- 나 아픈 것 같아. 아마도 우유를 너무 많이 먹어서 그런 것 같아.
- 나는 오늘 해야 할 숙제가 많다.

3 some, any

I have some money to buy food, but there are not any stores around.

some과 any는 수량을 나타낼 때는 복수명사나 셀 수 없는 명사와 함께 쓰이며 '조금의, 약간의' 라는 뜻을 가지고 있다.
또한 some은 긍정문
any는 의문문, 조건문, 부정문에 쓰인다.

Would you like to have some cake?

권유나 의뢰의 의미가 있는 의문문이나, 긍정의 대답을 기대하는 의문문에서는 any를 쓰지 않고 some을 사용한다.

Anyone can use this telephone for free.

만약 긍정문에 any가 쓰이면 '어떤 ~일지라도' 라는 의미를 가진다.

- 나는 음식을 살 돈이 조금 있지만, 주위에 가게가 하나도 없다.
- 케이크 좀 드시겠어요?
- 누구든지 이 전화를 무료로 사용할 수 있습니다.

4 a few, a little

I have a few books about literature.

수량을 나타내는 a few는 셀 수 있는 명사의 복수형 앞에만 쓰이며, 그 뜻은 '조금의, 약간의'이다.

There's a little water in the cup.

a little은 셀 수 없는 명사 앞에서만 쓰이며 양을 나타낸다. '조금 있는, 약간의'라는 의미를 가지고 있다.

Few students were in the classroom at 7 o'clock.

a few, a little과 달리 few, little은 부정적인 의미를 가지고 있어서 '거의 없는'이라고 해석한다.
few+셀 수 있는 명사
little+셀 수 없는 명사

- 나는 문학에 관한 책을 조금 가지고 있다.
- 컵에 물이 조금 있다.
- 7시에 교실에는 학생들이 거의 없었다.

5 no, none

There are no letters today.

명사 앞에 위치하는 no는 '없는, 아닌' 이라는 뜻으로 'not any+명사' 와 같은 뜻이다.

None have succeeded in solving the problem.

none은 no의 대명사 형태로 'not one, not any' 의 뜻을 가지고 있으며 복수 취급한다.

A: It is said that Mike and Mary are getting married!
B: I don't know who they are. It is none of my business.

none은 'of+명사' 와 함께 쓰이며 복수 취급한다.

- 오늘은 편지가 하나도 오지 않았다.
- 아무도 이 문제를 풀지 못했다.
- A : Mike랑 Mary가 결혼할거래!
  B : 나는 그들이 누군지 몰라. 내가 알 바 아니지.

6 both, either, neither

Both the novels were interesting.

both는 '둘 다'의 뜻으로 형용사로 쓰이기도 하며 대명사로도 쓰인다. '둘 다'라는 뜻이므로 항상 뒤에 복수명사를 쓴다.

You can take either book.

either은 '둘 중 어느 하나'의 뜻으로 대명사, 형용사로 쓰이며 뒤에 단수명사가 온다.

Neither of the babyies are awake. They are sleeping.

neither은 '둘 중 어느 쪽도 아닌'이라는 뜻으로 대명사, 형용사로 쓰이며 뒤에 단수명사가 온다.

- 그 소설 둘 다 재미있었다.
- 당신은 둘 중 어느 책이라도 가질 수 있어요.
- 두 아기 중 어느 쪽도 깨어있지 않다. 그들은 자고 있다.

7 한정사+of

all, some, many, none, most, any of, both+복수명사, either/neither+단수명사의 형태에서 한정사와 명사 사이에 of를 사용하여 표현할 수 있다.
이때는 of 뒤에 the나 지시형용사 또는 소유격대명사가 반드시 와야 한다. 19-21

All of the people in this room have to get out now.

'한정사+of+the+지시형용사 또는 소유격대명사+명사'의 표현에서 명사는 한정 수식이 되어 특정 그룹으로 설명된다.

All flowers are beautiful.
(일반적인 모든 꽃)
All of the flowers in this garden are beautiful.
(정원 안에만 한정된 모든 꽃)

Both of us failed the exam.

한정사+of 다음에 목적격 대명사가 오는 경우 다른 한정사나 관사는 오지 않는다.

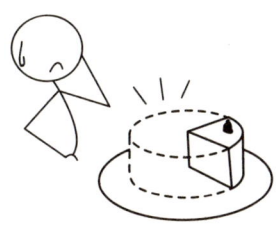

There isn't very much of the cake left in the plate.

much of 뒤에는 셀 수 없는 명사가 오지만 그 앞에는 the+지시형용사 또는 소유격 관계대명사가 온다.

- 이 방에 있는 모든 사람들은 지금 나가야 합니다.
- 우리 둘 다 시험에 통과하지 못했다.
- 접시에 케이크가 그렇게 많이 남아 있지 않았다.

8 another, other, others

May I have another cup of coffee?

another은 an+other의 형태로, '하나 더, 다른, 별개의'라는 뜻을 가지고 있다.

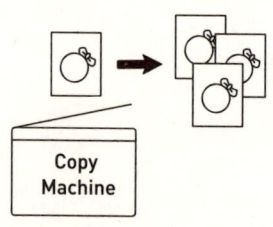

**This machine can copy a sheet of paper.
There is no other use for it.**

other는 '그 밖의 (것)'라는 뜻으로 형용사로 사용될 경우 '그 밖의 다른'이라는 의미가 더 강하다.
두 개 중에서 하나를 one이라고 하면 나머지 하나는 단 하나 남은 것이므로 the other로 표현한다.

You should be kind to others.

others는 단독으로 쓰일 경우 '다른 사람들'이라는 뜻으로 쓰인다.

- 커피 한 잔 더 마셔도 될까요?
- 이 기계는 종이를 복사할 수 있다. 그것의 다른 용도는 없다.
- 다른 사람들에게 친절해야 한다.

1 인칭대명사, 지시대명사, 의문대명사 (1)

인칭	주격	목적격	소유격	소유대명사
1인칭	I	me	my	mine
	we	us	our	ours
2인칭	you	you	your	yours
3인칭	he	him	his	his
	she	her	her	hers
	they	them	their	theirs
	it(사물)	it	its	
	they(사물)	them		

1-1 인칭대명사, 지시대명사, 의문대명사 (2)

I introduced him to my parents. They seemed to like his kindness.

인칭대명사는 사람을 나타내는 대명사이다. 사람을 가리키는 첫 번째 대명사를 1인칭이라 하고 '나'를 가리키며, 2인칭은 '너'를 가리킨다. 그 외의 사람은 모두 3인칭으로 간주한다.
문장에서 맡는 역할에 따라 격을 달리하여 사용한다.

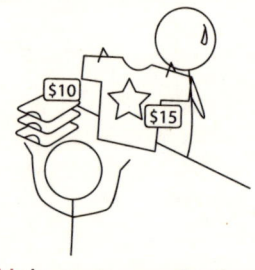

This is more expensive than that.

지시대명사는 사람이나 사물을 가리키는데 화자와 대상의 거리 차이로 구분을 하여 사용한다.
단수: this(이것), that(저것)
복수: these(이것들), those(저것들)

또한, 이들은 명사와 함께 지시형용사로도 쓰인다.

What does he do?
What is his job?

의문사가 문장에서 명사로 쓰인 경우는 의문대명사로 간주한다. 주로 사람을 나타낼 때는 who, 사물이나 동물, 직업 등을 나타낼 때는 which, what을 사용하며, 소유관계일 경우 whose를 쓴다.

- 나는 부모님에게 그를 소개시켜드렸다.
  그들은 그의 친절함을 마음에 들어 하는 것 같았다.
- 이것은 저것보다 더 비싸다.
- 그는 무슨 일을 해?

2 부정대명사 (1)

We should do something to celebrate on our anniversary.

막연하게 특정하지 않은 사람이나 사물을 가리킬 때 사용하는 대명사를 부정대명사라 한다. something, someone, anyone, anything, everything, everyone이 있다.

One should keep one's word.

일반적인 사람을 나타낼 때에는 you 또는 one을 사용한다. 하지만 특정한 집단을 가리킬 때는 복수형 they를 사용한다.

I don't have a pen. Can I borrow one?

같은 명사 사용의 반복을 피할 때 대명사 one을 사용한다.
이때 one은 같은 종류지만 다른 물건을 가리킨다.
언급한 바로 그 물건을 가리킬 때는 it을 사용한다.

- 우리는 우리 기념일을 축하할 뭔가를 해야 돼.
- 사람은 자신이 한 말을 지켜야 한다.
- 나에게 펜이 없네. 하나만 빌릴 수 있을까?

2-1 부정대명사 (2)

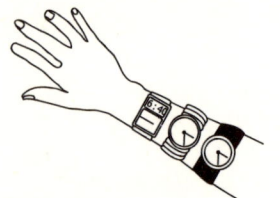

I've got three watches. One is a digital watch. Another is a silver metal watch, and the other is just black.

2개의 사물 중에서 하나씩 따로 순서에 상관없이 서술을 할 때 가장 먼저 가리키는 사물을 one, 나머지 하나는 the other로 나타낸다.

3개의 사물 중에서 하나씩 따로 순서에 상관없이 서술을 할 때 가장 먼저 가리키는 사물을 one, 그 다음 가리키는 사물을 another, 나머지 하나는 the other로 나타낸다.

Some went on foot; and others went by bus.

복수로 묶어진 사물들에 대한 대명사는 some, others로 나타낸다.

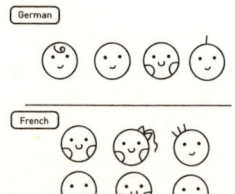

There are ten students. Some study German, and the others study French.

집단의 구분이 명확한 경우 복수 부정대명사는 some, the others로 나타낸다.

- 나는 세 개의 손목시계를 가지고 있다. 하나는 전자시계이고 다른 하나는 은으로 된 금속 시계이다. 그리고 나머지 하나는 그냥 검정색 시계이다.
- 몇 명은 걸어갔고 다른 몇 명은 버스를 타고 갔다.
- 열 명의 학생이 있다. 몇 명은 독일어를 공부하고, 나머지는 프랑스어를 공부한다.

3 there, it

There are two cups on the table. **They are** filled with juice.

it은 '바로 그것'이라는 의미를 가진 대명사이므로 반드시 지칭하는 대상이 선행되어야 한다. 하지만 there is/are 구문은 어떠한 사물이 '~있다/없다'를 서술하는 구문이므로, 구체적인 대상을 가리키는 it is 구문과 구분할 수 있어야 한다. 또한, it은 단수명사를 지칭하는 대명사이므로 복수로 취급될 수 없다. 복수명사를 대신할 때는 they를 사용한다.

When **it** rains, **it** pours.

it은 날씨, 시간, 거리, 상황을 나타낼 때 주어로 쓰이는 경우가 있으며, 이때 it은 비인칭 대명사라고 하며 해석은 하지 않는다.

I found **it** difficult to learn Chinese.

한 문장 안에서 비교적 길이가 긴 구문이나 절이 주어나 목적어로 쓰일 경우 그 구문이나 절을 뒤로 보내고 그 자리에 it을 넣는 경우가 많다. 이때 it은 가주어/가목적어로 쓰이며 해석하지 않는다.

- 탁자 위에 컵이 두 개 있다. 그것들은 주스로 채워져 있다.
- 비가 오면 억수로 쏟아진다.
- 나는 중국어를 배우는 것이 어렵다는 것을 깨달았다.

1 서술형용사와 한정형용사 (1)

한정용법으로만 쓰이는 형용사:
former(전자의), **elder**(나이가 위인),
inner(안의), **outer**(밖의), **latter**(후자의),
upper(상위의), **fallen**(떨어진),
complete(완벽한), **chief**(최고의),
main(주요한), **mere**(단순한), **only**(유일한)

서술용법으로만 쓰이는 형용사:
afraid(두려워하는), **alike**(마찬가지로),
alive(활기찬), **alone**(홀로),
ashamed(부끄러워하는), **asleep**(졸린),
awake(깨어있는),
aware(깨닫는, 인식하고 있는)

용법에 따라 의미가 달라지는 형용사

	한정용법	서술용법
present	현재의	참석한
right	오른쪽의	옳은
certain	어떤	확실한
late	죽은, 작고한	늦은

1-1 서술형용사와 한정형용사 (2)

I think something hot is on my back.

형용사는 문장에서 명사를 수식하기 위해 명사의 앞에 위치한다. 이렇게 명사 앞에 위치하여 수식하는 용법을 한정용법이라고 한다.
단, something, anything, nothing, everything과 같은 대명사를 꾸밀 때는 뒤에서 수식한다.

She is afraid of snakes.

형용사가 문장에서 주격보어나 목적격보어의 자리에 위치하여 주어나 목적어를 보충 설명하는 것을 서술용법이라고 한다.

I had a lonely night yesterday.
I felt alone.

형용사 중에는 한정용법으로만 쓰이는 형용사가 있는가 하면, 서술용법으로만 쓰이는 형용사도 있고, 두 용법으로 다 쓸 수 있지만 의미가 달라지는 형용사가 있다.

- 내 등에 뜨거운 것이 있는 것 같다.
- 그녀는 뱀을 무서워한다.
- 나는 어제 쓸쓸한 밤을 보냈다. 나는 외로웠다.

2 형용사의 종류와 어순

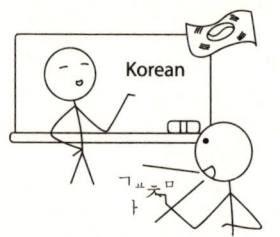

It is easy to learn the Korean language.

성상형용사란 대부분의 형용사와 현재분사, 과거분사의 형용사용법을 가리키며, 사물의 성질, 상태, 종류 등을 가리킨다.

I live in the second floor of this building.

수량형용사는 수, 양을 나타내는 형용사로 기수(one, two…), 서수(first, second…), many, much, a few, a little 등이 포함된다.

I saw a tall young man with big blue eyes wearing an old white cotton shirt.

두 개 이상의 형용사가 하나의 명사를 수식하는 경우에 형용사의 종류에 따라 그 어순이 정해진다.
'관사/지시형용사/대명사의 소유격
－수량－주관적 평가－크기－형태－
성질/상태－new/old－색깔－
고유명사의 형용사형－재질/원료'

- 한국어를 배우는 것은 쉽다.
- 나는 이 건물의 2층에 산다.
- 나는 크고 푸른 눈을 가진 키가 크고 젊은 남자가 오래된 흰색 면 셔츠를 입고 있는 것을 보았다.

3 the+형용사, 의문사와 형용사

We had such a good time at the beach.

such는 'such+a/an+(형용사)+명사'의 어순으로 쓰인다.
단, 복수명사가 올 경우에는 'such+(형용사)+복수명사'로 쓰인다.

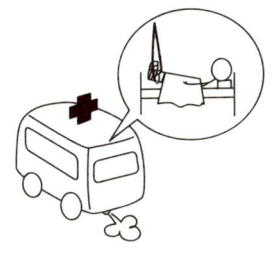

The injured were taken by ambulance to the hospital.

good/bad, poor/rich, healthy/sick, young/old와 같이 인간의 상태나 성질을 나타내는 형용사가 정관사 the와 결합되면 집합명사로 쓰인다. 그 의미는 '~한 사람들'이라고 해석하고 복수 취급을 한다.

How long does it take to fix the bike?

의문대명사와는 달리 의문사가 명사 앞에 위치하여 수식하는 경우 이것을 의문형용사라고 한다. 보통 'what+명사, which+명사, whose+명사'의 형태로 쓰인다.

한편, how는 형용사와 함께 사용되어 부사적인 역할을 하여 '얼마나 ~ 한'이라는 의미로 많이 사용된다.

- 우리는 해변에서 정말 좋은 시간을 보냈다.
- 부상자들은 구급차로 병원에 옮겨졌다.
- 자전거를 수리하는 데 얼마나 오래 걸리나요?

I 형용사와 부사

The car was completely repaired.

부사는 형용사에 -ly가 붙은 형태가 대부분이다.

What a lovely day!

'명사+ly'의 형태의 단어는 부사가 아니라 형용사이다. 또한 -ly가 붙은 단어 자체가 형용사인 단어도 있다.

friendly 친근한, 우호적인
lovely 사랑스러운
daily 매일의
weekly 매주의
lonely 외로운
likely ~할 것 같은
manly 남자다운

I could hardly understand his words.

형용사와 -ly가 결합하여 형용사의 본뜻과 달라지는 부사가 있다

hardly 거의 ~ 하지 않는
nearly 거의
lately 최근에
mostly 대체로
highly 매우
freely 제한 없이

- 자동차가 완전히 수리되었다.
- 정말 멋진 날이네!
- 나는 그의 말을 거의 이해할 수가 없었다.

2 부사의 종류(1)

시간부사
시간을 나타내는 부사로 전후 관계, 시간 표현을 나타낸다.

now, then, ago, already, just, later, still, soon, yet, late, early

I have met him before.

장소부사
장소를 나타내는 부사로 위치, 장소를 나타낸다.

here, there, upstairs, away, far, down, up, back, near

The baby is crying upstairs.

양태부사
태도나 모양을 나타내는 부사로 '어떻게'에 해당되는 표현이다.

slowly, politely, safely, easily, loudly, gently

She thanked me politely.

- 나는 전에 그를 만난 적이 있다.
- 위층에서 아기가 울고 있다.
- 그녀는 나에게 정중하게 감사 인사를 하였다.

2-1 부사의 종류 (2)

I should always keep my room clean.

빈도부사
행위나 동작의 빈도를 나타내는 것으로 '얼마나 자주'에 해당하는 뜻을 가지고 있다.

always, usually, regularly, often, frequently, sometimes, occasionally, rarely, seldom, never

He was very upset about his grade on the report card.

정도부사
형용사나 분사가 나타내는 성질이나 상태를 나타내는 부사로, '얼마나'에 해당하는 뜻을 가지고 있다.

very, much, completely, enough, well, almost, absolutely

The examination was surprisingly easy.

의견부사
말하는 화자의 의견이나 생각이 반영된 의견을 나타내는 부사로 문장 전체를 수식하여 문장 앞이나 동사 앞에 위치한다.

apparently, interestingly, surprisingly, seriously, clearly, honestly, personally, surely

- 나는 항상 나의 방을 깨끗이 해야 한다.
- 그는 그의 성적에 정말 화가 났다.
- 그 시험은 놀라울 정도로 쉬웠다.

3 부사의 어순

Every morning

She takes a walk slowly in the park every morning.

많은 부사가 한꺼번에 쓰인 문장에서는 보통 '양태부사-장소부사-시간부사'의 순서로 쓴다.

She plays the violin well.

부사는 주로 문장 맨 뒤에 위치하는 것이 일반적이다. 하지만 시간부사의 경우 문장 맨 앞에 위치할 수 있다.

I usually have breakfast at 7:00.

빈도부사의 경우 문장에서 be동사나 조동사가 있을 경우 그 뒤에 위치하고, 일반동사가 쓰인 경우에는 그 일반동사 앞에 위치한다.

- 그녀는 매일 아침 공원에서 천천히 산책을 한다.
- 그녀는 바이올린을 잘 연주한다.
- 우리는 대개 7시에 아침 식사를 한다.

4 already, yet, still

She has gotten already.

already는 예상보다 어떤 일이 '이미, 벌써' 먼저 일어났거나, 혹은 '이미, 벌써' 일어났을 것이라고 짐작할 때 사용한다.

The work is not yet finished.

yet은 부정문에서 '아직'이라는 뜻으로 쓰이지만 의문문에서는 '이미, 벌써'라는 뜻을 나타낸다.

He was still loud even after I asked him to be quiet.

still은 긍정문에서 '아직도, 여전히'라는 계속의 의미를 나타낸다.

- 그녀는 이미 일어났다.
- 그 일은 아직 끝나지 않았다.
- 그는 내가 조용히 해달라고 말한 후에도 여전히 시끄러웠다.

5 enough, too

I think the bag is big enough for this book.

enough는 형용사 뒤에 위치하며 '충분히'라는 뜻으로 쓰인다.

There are too many people and not enough chairs.

too는 형용사 앞에 쓰이면, '너무', '과도한'이라는 뜻으로 다소 부정적인 의미를 가지고 있다.

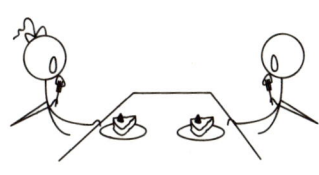

She had some cake, and I had some too.

too는 '~도 또한, 역시'라는 의미로도 쓰이며, 문장의 맨 뒤에 쓰인다.

- 나는 그 가방이 이 책을 넣기에 충분히 큰 것 같다.
- 사람이 너무 많은데 의자가 충분하지 않다.
- 그녀는 케이크를 조금 먹었고, 나도 조금 먹었다.

6 so, such, very, much

I have been studying for such a long time.

so와 such는 형용사를 수식하는 부사로 쓰일 경우 '아주, 매우'라는 뜻을 가지고 있으며 수식하는 형용사 앞에 쓰인다. 단, such는 'such-관사-형용사-명사'의 어순으로 쓰는 것에 유의한다.

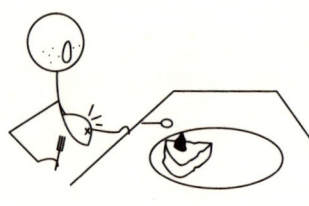

I ate too much cake.

very는 형용사, 부사, 현재분사를 수식하며, much는 주로 비교급, 동사, 과거분사를 수식한다.

I'm very pleased with succeeding in solving this question.

감정을 나타내는 과거분사를 수식할 때에는 much 대신 very를 사용한다.

- 나는 정말 오랫동안 공부를 하고 있다.
- 나는 케이크를 너무 많이 먹었다.
- 나는 이 문제를 풀게 되어서 정말 기쁘다.

1 원급, 비교급, 최상급

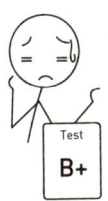 

원급 비교는 'as+형용사/부사+as'로 표현하며 우리말로는 '~만큼 ~하다'라는 뜻이며 부정문으로 만들 경우 'not so 형용사/부사+as'로 쓴다.

He is not so smart as me.

비교급은 2음절 이하의 형용사, 그리고 -ly로 끝나지 않는 부사일 경우 '형용사+er'로 표현하며, 3음절 이상의 형용사나 부사의 경우 'more+형용사/부사'의 형태로 표현한다. 그 뒤에는 'than+비교 대상'을 쓴다. 우리말로는 '~보다 더 ~한'이라는 뜻이다.

Your cake seems bigger than mine.

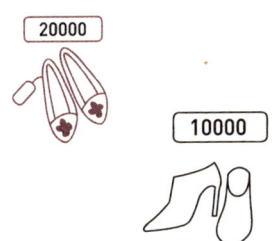

'less+형용사/부사+than ~'은 '~보다 덜 ~하다'라는 표현으로 비교급을 나타낼 수 있다. 이때는 형용사 또는 부사의 원형을 쓴다.

This is less expensive than that.

- 그는 나만큼 똑똑하지 않다.
- 네 케이크가 내 것보다 더 커 보인다.
- 이게 저것보다 덜 비싸다.

1-1 원급, 비교급, 최상급 (2)

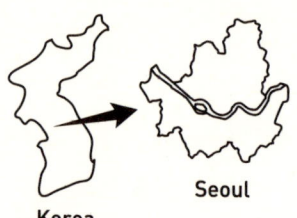

Seoul is the biggest city in Korea.

최상급은 셋 이상의 비교로 '가장 ~하다' 라는 뜻을 가지고 있다. 2음절 이하의 형용사, 그리고 -ly로 끝나지 않는 부사일 경우 '형용사+est'로 표현하며, 3음절 이상의 형용사나 부사의 경우 'most+형용사/부사'의 형태로 표현한다. 단, 최상급 형용사는 항상 정관사 the와 함께 쓴다. 그 뒤에는 비교의 범위인 명사가 나오며 of나 in을 사용하여 나타낸다. 보통 of 뒤에는 복수명사를 쓰고, in 뒤에는 단수명사를 쓴다.

He is one of the greatest scientists in the world.

'one of 최상급+복수명사' 의 형태는 '가장 ~한 것들 중에 하나' 라는 뜻이다.

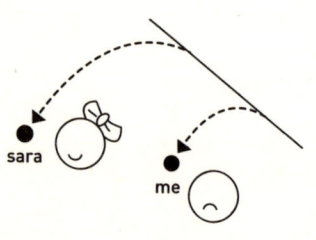

She jumped farther than I did.

형용사와 부사 중에는 규칙을 따르지 않고 특유의 비교급과 최상급을 가지는 것이 있다.

good/well-better-best
bad/ill-worse-worst
many/much-more-most
little-less-least
far-further/farther
-furthest/farthest

- 서울은 한국에서 가장 큰 도시이다.
- 그는 세계에서 가장 위대한 과학자 중에 한 명이다.
- 그녀는 내가 뛴 것보다 더 멀리 뛰었다.

2 비교급 and 비교급, the비교급~ + the비교급~, 비교급 수식

My business is getting better and better.

비교급을 두 번 사용하는 '비교급 and 비교급' 구문은 '점점 더 ~하다' 라는 뜻으로 변화의 경과를 설명한다. 단, more가 쓰일 경우 형용사/부사를 두 번 쓰지 않고 'more and more+형용사/부사' 로 쓴다.

The more guests are going to come, the more food we will have to prepare.

'the 비교급~+the 비교급~' 구문은 '~하면 할수록 더 ~하다' 라는 뜻이며, 두 문장을 이은 것이다. 'the 비교급'을 항상 문장 앞에 도치시켜 사용하며 그 뒤로 주어, 동사가 뒤따르지만 be동사가 있을 경우 생략하기도 한다.

Don't eat my cake. You had much more food than I had!

비교급의 수식은 비교급 형용사/부사를 강조하는 의미를 가진다. much, very much, a lot, far가 쓰이면 '훨씬 더~' 라는 뜻이며, a little bit이 쓰이면 '조금 더~' 라는 뜻이다. 단, very는 비교급 수식에 쓰지 않는다.

- 나의 사업이 점점 더 잘 되고 있다.
- 더 많은 손님들이 올수록, 우리는 더 많은 음식을 준비해야 할 것이다.
- 내 케이크 먹지마. 넌 나보다 음식을 훨씬 더 많이 먹었잖아!

Ⅰ 장소, 시간에 쓰이는 전치사 (1)

장소의 전치사

- [ ] **in** ~안에 (비교적 넓은 장소)
- [ ] **inside** ~안에
- [ ] **at** ~에 (비교적 좁은 장소)
- [ ] **outside** ~바깥에
- [ ] **on** ~위에 (표면 위)
- [ ] **to** ~으로
- [ ] **above** ~보다 위에
- [ ] **into** ~안으로
- [ ] **below** ~보다 아래에
- [ ] **out of** ~바깥으로
- [ ] **under** ~아래에
- [ ] **up** ~위로
- [ ] **in front of** ~앞에
- [ ] **down** ~아래로

- [ ] **by** ~옆에
- [ ] **along** ~따라서
- [ ] **opposite** ~반대편에
- [ ] **across** ~의 맞은편에, ~을 가로질러
- [ ] **near** ~가까이에
- [ ] **through** ~을 통하여, ~을 지나
- [ ] **next** ~옆에
- [ ] **over** ~위쪽에, 위를 덮어
- [ ] **beside** ~옆에, 의 곁에
- [ ] **off** ~에서 떨어져, 벗어나
- [ ] **between** ~사이에
- [ ] **around** ~의 주위에
- [ ] **behind** ~뒤에

1-1 장소, 시간에 쓰이는 전치사 (2)

시간의 전치사

- [ ] **at** (몇 시)에
- [ ] **after** ~후에
- [ ] **on** (요일, 날짜)에
- [ ] **before** ~전에
- [ ] **in** (연도)에
- [ ] **until** ~까지 (계속의 의미)
- [ ] **for** ~동안 (숫자 표현과 함께 쓰임)
- [ ] **by** ~까지 (기한을 나타냄)
- [ ] **during** ~동안 (기간을 나타내는 명사)
- [ ] **within** ~내에 (일정한 기간 내에)
- [ ] **since** ~이후로
- [ ] **through** ~줄곧 내내 (기간을 나타내는 명사)
- [ ] **from** ~부터
- [ ] **over** ~줄곧 내내 (숫자 표현)
- [ ] **in time** 시간 안에, 시간에 맞춰서, 머지않아
- [ ] **on time** 정각에, 제시간에
- [ ] **about** ~쯤, 거의, 약~ (몇 시)
- [ ] **around** ~쯤, 거의

1-2 장소, 시간에 쓰이는 전치사 (3)

MP3 1-3

There's a bird in the front of my car.

in의 용법
in a line/in a row/in a queue/in a street
in a photograph/in a picture/in a mirror
in the sky/in the world
in a book/in a newspaper/in a magazine
in the front/in the back of a car
in Seoul/in Paris/in New York
in a car/in a taxi
in the future/in the past

Now, all of you can see the Statue of Liberty on the left.

on의 용법
on the left/on the right
on the floor/on the first floor
on a map/on a menu/on a list
on a river/on the coast/on the way
on a bus/on a train/on a plane/on a ship
on television/on the radio/on the telephone

I will meet her at the station at 7 o'clock.

at의 용법
at the front/at the back of a building
at the back of group of people
at the top of the page
at the bottom of the page
at home/at work/at school/at university
at a party/at a conference/at a concert
at the station/at the airport
at Tom's house/at Tom's
at+나이/at+기온/at+속도

• 내 차 앞 쪽에 새가 한 마리 있다.
• 자, 여러분 왼쪽에 자유의 여신상을 볼 수 있습니다.
• 나는 7시에 역에서 그녀를 만날 것이다.

2 전치사+명사 관용표현 (1)

Help! The house is on fire!

on strike 파업 중
on a diet 다이어트 중인
on fire 화재가 나서, 불타고 있는
on purpose 고의로, 일부러
on vacation 휴가 중에
on business 업무 상으로, 사업 차
on sale 판매 중인

Let's go for a walk.

for a walk 산보 삼아, 산책으로
for a drink 음료를 마시기 위해
for a visit 방문 차
for breakfast/lunch/dinner
아침/점심/저녁 식사로

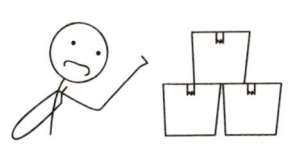

They want me to bring this in person.

in person 직접의
in my opinion 내 의견으로는
in haste 급히, 서둘러
in despair 절망하여, 자포자기하여
in reality 정말로(really)

- 도와주세요! 집에 불이 났어요!
- 산책하러 가자.
- 그들은 내가 이걸 직접 가져오길 원해.

2-1 전치사+명사 관용표현 (2)

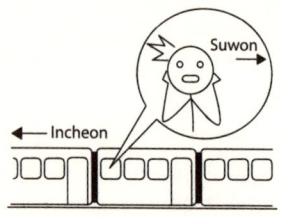

I took a train for Incheon by mistake. I should've taken a train for Suwon.

by check 수표로(결제 수단)
by credit card 신용 카드로(결제 수단)
by mistake 잘못하여, 실수로
by chance 우연히, 뜻밖에
by degrees 차차, 점차로

He seems to be of talented at singing.

of talent 재능이 있는(talented)
of experience 경험이 있는(experienced)
of learning 학식이 있는(learned)
of wisdom 지혜로운(wise)
of ability 능력 있는(able)
of importance 중요한(important)

He passed the exam with ease.

with care 조심하여, 주의하여 (carefully)
with ease 수월하게, 쉽게 (easily)
with patience 인내심을 가지고 (patiently)

- 나는 실수로 인천행 기차를 탔다.
  나는 수원행 기차를 탔어야 했다.
- 그는 노래에 재능이 있는 것처럼 보인다.
- 그는 쉽게 시험에 합격했다.

3 동사+전치사 관용표현

- account for 설명하다.
- agree with + 사람 ~에 동의하다.
- agree to + 제안/의견 ~에 동의하다.
- depend on 의존하다, 기대다.
- rely on 의지하다, 신뢰하다.
- ask a favor of ~을 부탁하다.
- ask for ~을 요구하다.
- call on + 사람 ~을 방문하다.
- call for ~요구하다.
- call off 취소하다.
- long for ~을 열망하다.
- eager for ~을 갈망하다.
- look for/search for ~을 찾다.
- look after/care for ~을 돌보다.
- look forward to ~을 학수고대하다.
- start for ~향해 출발하다.
- compare A with B A와 B를 비교하다.
- compare A to B A를 B에 비유하다.
- deal in ~을 거래하다, 팔다.
- deal with 취급하다, 다루다.
- cope with 다루다, 대처하다.
- concentrate on ~에 집중하다.
- focus on ~에 집중하다.
- apologize for ~에 대해 사과하다.
- apply for ~을 신청하다.
- apply to ~을 적용하다.
- look at ~을 보다.
- stare at ~을 응시하다.
- accuse of ~의 죄로 고발하다.
- belong to ~에 속하다.
- insist on ~을 주장하다.
- leave for ~향해 떠나다.

4 동사+목적어+전치사 관용표현

- [ ] **remind A of/about** A에게 ~을 기억나게 하다.
- [ ] **spend** 시간/돈 **on** ~ ~하는데 시간/돈을 쓰다.
- [ ] **stop/keep/prevent** A from~ A가 ~하지 못하게 막다.
- [ ] **blame A for ~** ~를 A탓으로 돌리다.
- [ ] **divide/split A into ~** A를 ~로 나누다.
- [ ] **provide A with ~** A에게 ~를 제공하다.
- [ ] **ask A for ~** A에게 ~를 부탁하다.

5 명사/형용사+전치사 관용표현 (1)

명사나 형용사 중에는 특정 전치사와 함께 쓰이는 것들이 있다.

for

- [ ] **a check for** ~짜리 수표
- [ ] **a reason for** ~대한 이유
- [ ] **famous for** ~로 유명한
- [ ] **sorry for** ~때문에 미안해 하다.
- [ ] **demand for** ~대한 수요
- [ ] **angry for** ~때문에 화나다.
- [ ] **responsible for** ~대한 책임이 있는
- [ ] **suitable for** ~에 적합한, 어울리는

about

- [ ] **discussion about** ~에 대한 논의

감정을 나타내는 형용사
**(angry/annoyed/worried/upset/sorry/excited/pleased)
+about+something** ~에 대하여 ~하다.

of

- [ ] **cause of** ~의 원인
- [ ] **result of** ~의 결과
- [ ] **advantage of** ~의 이점
- [ ] **opinion/idea/thought of** ~의 의견/생각
- [ ] **notice of** ~대한 통지
- [ ] **lack of** ~의 부족
- [ ] **full of** ~로 가득한
- [ ] **fond of** ~를 좋아하는
- [ ] **afraid of** ~를 무서워하다.
- [ ] **aware of** ~을 알고 있는
- [ ] **short of** ~을 제외하고, ~이 부족하여
- [ ] **tired of** ~에 진저리가 난
- [ ] **sick of** ~에 신물이 난

사람의 태도/성격을 나타내는 형용사
(nice/kind/good/generous/stupid/silly
clever/sensible/rude/proud/jealous/capable)
+of+someone(to do something) (~해서) ~가 ~하다.

5-1 명사/형용사+전치사 관용표현 (2)

to

- [ ] **damage to** ~에 대한 손해
- [ ] **reaction to** ~에 대한 반응
- [ ] **solution to** ~에 대한 해결책
- [ ] **attitude to** ~을 향한 태도, 자세
- [ ] **marriage to** ~와의 결혼 생활
- [ ] **married to** ~와 결혼한
- [ ] **engaged to** ~와 약혼한
- [ ] **similar to** ~와 비슷한
- [ ] **close to** ~에 가까운
- [ ] 성격/태도 형용사 **+to someone** ~에게 ~하다.

with/between

- [ ] **contact with/between** ~와 연락/교제, ~사이의 연락
- [ ] **relationship with/between** ~와 관계, ~사이의 관계
- [ ] **difficulty with** ~에 대한 어려움
- [ ] **problem with** ~와의 문제
- [ ] **difference between** ~와의 차이
- [ ] **crowded with** ~로 붐비는, 복잡한
- [ ] **filled with** ~로 채워진
- [ ] **covered with** ~로 덮인
- [ ] **familiar with** ~를 잘 알고 있는, ~에 익숙한
- [ ] **fed up with** ~에 진저리 난
- [ ] **bored with** ~에 지겨워진

at

- [ ] **good at** ~를 잘하는, ~에 능숙한
- [ ] **bad/poor at** ~를 못하는, ~에 서툰
- [ ] **surprised at** ~에 놀란
- [ ] **angry at** ~에게 화난
- [ ] **mad at** ~에게 화난

5-2 명사/형용사+전치사 관용표현 (3)

I am responsible for the incident.

Finally I found a solution to this problem!

Let's have a discussion about the schedule.

There's no difference between yours and mine.

Are you aware of the risk of smoking?

She is really good at arranging flowers.

- 나는 그 사고에 책임이 있다.
- 그 일정에 대해 논의해 봅시다.
- 너는 흡연의 위험성에 대해서 알고 있니?
- 마침내 나는 이 문제의 해결책을 찾았어!
- 네 것이랑 내 것이랑 차이가 없어.
- 그녀는 정말 꽃꽂이를 잘한다.

6 구전치사, 구동사(phrasal verbs) (1)

구전치사

- **according to** ~에 따라서
- **apart from** ~와 별개로, 게다가
- **as to ~** ~에 관하여
- **because of** ~때문에
- **by means of** ~에 의하여
- **by way of** ~을 경유하여, ~하기 위하여
- **in advanced of** ~에 앞서, 미리
- **in case of** ~할 경우에
- **in comparison with** ~와 비교하면
- **in consequence of** ~의 결과로
- **in favor of** ~에 찬성하여
- **in honor of** ~에 경의를 표하여
- **in pursuit of** ~을 추구하는
- **in search of** ~을 찾아서
- **in spite of** ~에도 불구하고
- **in terms of** ~의 측면에서
- **in the middle of** ~의 중간에서
- **in/on behalf of** ~을 대신하여, ~을 위하여
- **instead of** ~대신에
- **on account of** ~때문에

6-1 구전치사, 구동사 (phrasal verbs) (2)

구동사 1

- **bump into** ~와 우연히 만나다, ~와 부딪히다.
- **call on** ~을 방문하다, ~에게 요청하다.
- **get along with** ~와 잘 지내다.
- **get back from** ~에서 돌아오다.
- **get over** ~을 극복하다.
- **get through** 통과하다, 끝마치다.
- **keep up with** ~에 뒤떨어지지 않다, 따라잡다.
- **look out for** ~을 조심하다.
- **run into** ~에 뛰어들다, ~를 우연히 만나다.
- **run out of** ~을 다 써버리다, 바닥나다.
- **stand for** ~을 나타내다, ~을 상징하다.
- **watch out for** ~을 조심하다.

구동사 2

아래의 구동사들은 목적어를 동사와 전치사/부사 사이에 위치시킨다.
하지만 목적어가 일반명사일 경우엔 구동사 뒤에 써도 무방하다.
단, 목적어가 대명사일 경우에는 반드시 동사와 전치사/부사 사이에 넣는다.

- [ ] **ask out** ~에게 데이트 신청하다.
- [ ] **break down** 고장 나다, 부서지다.
- [ ] **cut down** 줄이다, 삭감하다.
- [ ] **cut out** ~을 잘라서 없애다.
- [ ] **figure out** ~알아내다, ~을 해결하다.
- [ ] **fill in/out** (문서 따위를) 작성하다.
- [ ] **fill up** ~을 채우다.
- [ ] **give up** 포기하다.
- [ ] **hand in** ~을 제출하다.
- [ ] **hang up** (전화를) 끊다, ~을 걸다.
- [ ] **pick up** ~을 집어 들다, ~을 (자동차에) 태우다.
- [ ] **put down** ~을 내려놓다.
- [ ] **put off** 연기하다.
- [ ] **put on** ~을 입다.
- [ ] **take off** ~을 벗다, 이륙하다.
- [ ] **turn on/off** ~을 켜다/끄다.

6-2 구전치사, 구동사 (phrasal verbs) (3)

In spite of the age gap, we're going to get married.

She was so surprised at the ghost that she ran away from it fast.

I ran into Jane this morning. It has been a year since I saw her.

Every time a plane takes off, I get so nervous.

Why don't we talk after you put the bat down?

The baby is asleep. Don't wake her up.

- 나이 차이에도 불구하고, 우리는 결혼을 할 것이다. • 오늘 아침에 Jane을 우연히 만났다. 그것은 그녀를 1년 만에 본 것이었다. • 그 방망이 내려놓고 이야기하는 게 어떨까요?
- 그녀는 유령을 보고 너무 놀라서 황급히 도망쳤다.
- 비행기가 이륙할 때마다 나는 매우 불안해진다.
- 아기가 잠들었어. 그녀를 깨우지 마.

Unit 6 명사절과 형용사절

절(clause)은 그저 '문장'이라고만 이해하면 돼요. 문법 구조로는 그 안에 '주어'와 '동사'가 있다면 문장이 성립되므로 '절=문장=주어+동사+…'라고 보면 돼요.

이러한 절이 명사의 역할을 하면 명사절이에요. 명사의 역할이란 주어, 목적어, 보어로 쓰이는 것입니다. 그리고 하나의 명사를 수식하는 형용사 역할의 수식어가 길어져서 하나의 문장을 이룬다면 뭐라고 불러야 할까요? 형용사 역할을 하는데다 문장(절)을 이룬다면 형용사절이라고 부르는 것이 좋겠죠.

I 명사절을 이끄는 접속사 that (1)

that절은 '~라는 것'으로 해석되며 주어, 보어, 목적어 그리고 동격으로 사용된다.

that절이 주어 자리에 쓰여진 경우
형식주어 it을 쓸 경우 접속사 that은 생략할 수 있다.
이 경우 that은 의미 없이 절을 이어주는 역할을 한다.

It is surprising (that) John passed the bar exam.

that절이 보어 자리에 쓰인 경우
that이하가 주어 Her dream을 보충 설명한다.

Her dream is that she will become a dancer.

that절이 목적어로 쓰인 경우
목적어로 쓰일 때는 접속사 that을 종종 생략한다.

Do you know that Jane traveled around the country by bicycle?

that절이 동격으로 쓰인 경우
that절이 목적어 the news를 가리킨다.

I heard the news that Jane married John.

동격의 that과 주로 쓰이는 명사와 형용사

- **fact that ~** ~라는 사실
- **truth that ~** ~라는 진실
- **news that ~** ~라는 소식
- **opinion that ~** ~라는 의견
- **idea that ~** ~라는 생각
- **be aware that ~** ~을 인식하고 있는
- **be afraid that ~** ~을 두려워하는
- **be sure that ~** ~을 확신하는
- **be sorry that ~** ~을 유감으로 생각하는

1-1 명사절을 이끄는 접속사 that (2)

It is surprising (that) John passed the bar exam.

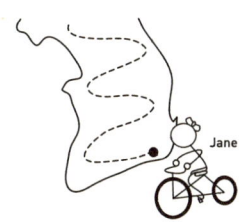

Do you know that Jane traveled around the country by bicycle?

It is clear that he will come.

I heard the news that Jane married John.

Her dream is that she will become a dancer.

I am sure that he will succeed in the end.

- John이 변호사 시험을 통과했다는 것이 놀랍다. • 그가 올 것이 분명하다. • 그녀의 꿈은 댄서가 되는 것이다.
- Jane이 자전거로 전국을 일주했다는 것을 아니?
- Jane이 John과 결혼했다는 소식을 들었다.
- 나는 그가 결국 성공할 거라고 확신한다.

2 명사절을 이끄는 접속사 whether/if

Did you ask him whether he would come to my party?

if/whether~는 '~인지 (아닌지)'의 의미이다. 따라서 주로 ask, wonder, don't know 등의 동사와 어울려 쓰인다.

I asked whether or not he liked my present for him.

or not을 붙일 경우
if~ or not
whether~ or not / whether or not~

주의
whether ~ or not (o)
whether or not, whether ~ or not (o)
if~ or not (o)
if or not ~ (x)

Whether he will come to the party is not clear.

주어로 쓰일 경우
whether(혹은 whether or not)절은 명사절을 이끌어 주어, 보어, 목적어절로 쓰일 수 있으나 if절은 주어로는 쓰이지 못하고 목적어로만 쓰인다.

If he will come to the party is not clear. (x)

- 너는 그에게 파티에 올 수 있는지 물어봤니?
- 나는 그가 내가 준 생일 선물이 마음에 드는지에 대해 물어봤다.
- 그가 파티에 올지는 분명하지 않아.

3 의문사/관계사가 이끄는 명사절

의문사+주어+동사의 어순으로 문장 안에 들어 있는 의문문으로 의문사는 문장 안에서 명사절을 이끈다.

MP3 10-15

I don't know what she wants for her birthday present?

I am not sure which one is his bag.

Do you know who gave Jane that flower?

I don't know when he left.

Do you know what kinds of music he likes?

He did not tell me where he was going.

- 나는 그녀가 생일 선물로 무얼 원하는 지 모르겠어.
- 누가 저 꽃을 Jane에게 주었는지 아니?
- 그가 어떤 종류의 음악을 좋아하는지 아니?
- 나는 어떤게 그의 가방인지 모르겠어.
- 나는 그가 언제 떠났는지 모르겠어.
- 그는 떠날 때 어디로 가는지 나에게 말하지 않았어.

1 시간, 장소, 시제, 인칭 대명사 변화 (1)

다른 사람이 한 말을 말한 그대로 전달하는 방법으로 직접화법이 있다.
다른 사람이 한 말을 전달하는 사람의 입장에서 전달하는 것을
간접화법이라고 한다.

직접화법이 간접화법으로 바뀔 때 변화하는 시간, 장소 표현

now ➡ then

this ➡ that

here ➡ there

ago ➡ before

today ➡ that day

yesterday ➡ the day before / the previous day

tomorrow ➡ the next day

next week ➡ the next week

next year ➡ the next year

last night ➡ the night before

last month ➡ the month before

1 시간, 장소, 시제, 인칭 대명사 변화 (2)

Tom said, "I'm feeling ill."

직접화법은 인용 부호인 따옴표(" ") 안에 전달 내용을 쓴다. 전달하는 동사로 say, say to, tell 등이 쓴다.

My mom said to me, "I will teach you how to swim tomorrow."
My mom told me that she would teach me how to swim the next day.

간접화법은 직접화법과 달리 쉼표(,)와 따옴표(" ")가 없으며, 전달하고자 하는 내용을 that절로 바꾼 것이다. 전달자의 입장에서 that절 안의 인칭대명사를 바꾸고, 시제도 전달하는 시점을 기준으로 바꾼다. 또한 시간이나 장소를 나타내는 형용사, 부사를 시점과 인칭에 맞추어 고친다.

He said, "I always get up at 6 o'clock."
He said that he always gets up at 6 o'clock.

전달하고자 하는 내용의 시제가 과거이더라도 그 내용이 현재의 습관이나, 현재에도 계속되고 있는 일이면 전달하는 내용의 시제를 과거로 바꾸지 않고 현재로 쓴다. 또한 역사적 사실을 전달하는 경우에는 항상 시제를 과거로 쓴다는 것에 유의한다.

- Tom이 말했다. "나 아픈 것 같아."
- 엄마가 나에게 말했다. "내가 너에게 내일 수영하는 법을 가르쳐 줄게."
  엄마는 나에게 다음날 나에게 수영하는 법을 가르쳐 주겠다고 말했다.
- 그가 말했다. "나는 항상 6시에 일어나요."
  그는 그가 항상 6시에 일어난다고 말했다.

2 의문문, 명령문의 간접화법

She said to me, "Do you like pizza?"
She asked me if I liked pizza.

네/아니오 의문문의 간접화법
전달하는 내용이 네/아니오 의문문일 경우 전달하는 동사는 ask, want to know, wonder로 사용하며 that절이 아닌 if/whether절로 바꾼다.

간접의문문 형태이기 때문에 인용문 안에서는 '주어+동사' 어순으로 쓰는 것에 유의한다.

Tom said to me, "Why did you get up so late?"
Tom asked me why I had gotten up so late.

wh 의문문의 간접화법
의문사가 있는 의문문에서는 전달하는 동사를 항상 ask로 사용하며, that절이 아닌 전달하는 내용에 쓰인 의문사를 앞세워 '의문사+주어+동사' 형태로 바꾼다. 단, 의문사가 주어로 쓰인 경우엔 '의문사+동사'로 쓴다.

He said to me, "You had better work harder."
He advised me to work harder.

명령문의 간접화법
충고나 조언, 요청을 나타내는 문장이나 명령문을 간접화법으로 바꿀 때는 부정사를 이용한다. 부정의 명령문일 경우 not to를 사용하며, 전달동사로 advise, ask, order, tell, warn 등을 쓴다.

- 그녀가 나에게 말했다. "너 피자 좋아하니?"
  그녀는 나에게 피자를 좋아하는지 물어보았다.
- Tom이 나에게 말했다. "왜 너는 그렇게 늦게 일어났니?"
  Tom이 나에게 왜 내가 그렇게 늦게 일어났었는지 물어보았다.
- 그가 나에게 말했다. "자네는 좀 더 열심히 일하는 게 좋을 거야."
  그는 나에게 좀 더 열심히 일하라고 충고하였다.

I 주격, 목적격, 소유격 관계대명사 (1)

관계대명사를 이용하여 하나의 명사를 수식하는 형용사절을 만들 수 있다. 이때 형용사절에게 수식 받는 명사를 선행사라고 한다.
형용사절은 항상 관계대명사를 맨 앞에 둔다.

형용사절 안에서 수식되는 선행사 대신에 쓰인 관계대명사가
그 형용사절 안에서 어떤 역할을 하느냐에 따라 격이 결정된다.

1. 주어로 쓰일 경우 주격 관계대명사를 쓴다.

선행사가 사람일 경우 관계대명사는 who를 사용하며,
사물일 경우 which를 사용한다.
선행사가 사람이든 사물이든 that을 사용할 수도 있다.
형태는 '…선행사+주격 관계대명사+동사…' 이다.

2. 형용사절 안에서 수식 되는 선행사 대신에 쓰인 관계대명사가 그 형용사절 안에서 목적어로 쓰일 경우 목적격 관계대명사를 쓴다.

단, 목적어의 위치가 아무리 동사 뒤에 오는 것이지만 목적격
관계대명사는 항상 형용사절 맨 앞에 위치한다. 선행사가 사람일 경우
관계대명사는 whom를 사용하지만, 현대 영어에서는 who로 쓰인다.
사물일 경우 which를 사용한다.
선행사가 사람이든 사물이든 that을 사용할 수도 있다.
형태는 '…선행사+목적격 관계대명사+주어+동사…' 이다.
또한 목적격 관계대명사는 생략이 가능하다.

3. 선행사가 사물이나 사람일 경우 그 선행사와 소유 관계를 나타내는 형용사절을 만들 때 소유격 관계대명사 whose를 쓴다.

하지만 선행사가 'the+명사' 일 경우 소유격 관계대명사로 of which를 사용하기도 한다.

1-1 주격, 목적격, 소유격 관계대명사 (2)

The man who sits on the bench is my grandfather.

I met a woman whose hair was curly permed.

The book which(that) I wrote is a best seller in bookstores.

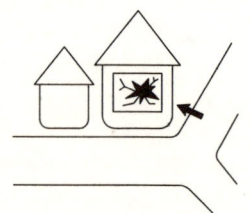

Around the corner, there is a building whose windows were all broken.

I have a book whose cover is black.

Doctors are people whose job is to cure diseases, and to save lives.

- 벤치에 앉아 있는 사람은 나의 할아버지이다.
- 내가 쓴 책은 서점에서 베스트 셀러이다.
- 나는 표지가 검정색인 책을 가지고 있다.
- 나는 머리에 곱슬곱슬하게 파마를 한 여자를 만났다.
- 창문이 모두 부서진 건물은 모퉁이에 있다.
- 의사들은 질병을 치료하고 생명을 구하는 사람들이다.

2 전치사+관계대명사, 제한적/계속적 용법 (1)

전치사의 목적어가 선행사로 쓰일 경우 목적격 관계대명사를 쓰며
그 전치사는 관계대명사 앞에 쓰거나, 형용사절 뒤에 보내고 목적격
관계대명사를 생략한다. 단, 전치사 뒤에 관계대명사를 쓸 경우 that은
절대 쓰지 않는다.

제한적 용법
형용사절에는 제한적 용법과 계속적 용법이 있다. 제한적 용법은
지금까지 보아 온 것처럼 선행사를 수식 한정하는 용법을 말한다.

계속적 용법
계속적 용법은 형용사절 앞과 뒤에 쉼표(,)를 쓴다. 이 쉼표의 의미는
형용사절이 삽입이 되었다는 것을 의미하며, 관계대명사와 함께
'접속사+대명사'로 바꿔 쓸 수 있다.
또한 계속적 용법에서는 관계대명사 that은 쓸 수 없으며,
목적격 관계대명사라도 생략하지 못한다.

제한적 용법과 그 외에 별 다른 차이가 없지만 해석에 있어서
그 의미가 다소 차이 나는 것이 있다.
관계대명사 what은 선행사가 사물일 때 그 선행사를 포함한 선행사이다.
what은 선행사 없이 관계대명사절을 만들 수 있는데, 이것은
형용사절이라기 보다 명사절로 취급한다.

2-1 전치사+관계대명사, 제한적/계속적 용법 (2) MP3 7-12

Do you know the girl to whom Tom is talking?
Do you know the girl (who) Tom is talking to?

Everybody likes Tom, who is kind and honest.

He has a son, who became a male nurse.
He has a son and he became a male nurse.

Harry Potter, which I have been reading, is very interesting.

Tell me what you want to eat.
Tell me the thing that you want to eat.

We went to Lake Sanko, which is located in the nearby mountain.

- 너 Tom과 이야기하는 여자애가 누군지 아니?
- 그는 아들이 하나 있는데, 그는 간호사가 되었다.
- 나에게 네가 먹고 싶은 것을 말해봐.
- 모두들 Tom을 좋아하는데, 그는 친절하고 정직하기 때문이다. • 내가 읽고 있는 Harry Potter라는 책은 정말 재미있다. • 우리는 Sanko 호수에 갔는데, 그 호수는 산 근처에 위치해 있다.

3 which 앞 문장 전체가 선행사, 관계부사, 형용사절 줄이기 (1)

관계대명사는 선행사만을 수식하는 것이 아니라 선행하는 문장 전체를
받는 경우도 있다. 이 경우 항상 쉼표(,)를 이용한 계속적 용법으로 쓴다.
관계부사는 접속사와 부사구 역할을 하며, 시간, 장소, 방법, 이유를
나타내는 부사(구)를 선행사로 하여 형용사절을 이끈다.

관계부사에는 where, when, why, how가 있으며, 관계대명사처럼
제한적 용법과 계속적 용법이 있다.
각각의 관계부사와 쓰이는 선행사는 다음과 같다.

(the place) where ~

(the day) when ~

(the reason) why ~

(the way) how ~

각각의 선행사를 생략해서 관계부사만 쓸 수도 있고, 관계부사를
생략하고 선행사만 남겨둘 수도 있다. 단, 방법을 나타내는 관계부사
how는 선행사인 the way와 함께 쓰지 않는다.
즉, the way와 how 둘 중 하나만 쓴다.
관계부사는 '전치사+관계대명사 which'로 바꾸어 쓸 수 있다.

where = in/at/on/to/from which

when = in/at/on/during which

why = for which

how = in which

3-1 which앞 문장 전체가 선행사, 관계부사, 형용사절 줄이기 (2)

MP3 13-18

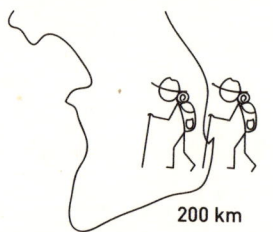

They walked 200 km across the country, which is surprising to us.

The team has lost all its games, which we can't believe.

The day when he left for the USA was Friday.

The people who were injured in the accident were taken to the hospital.
The people injured in the accident were taken to the hospital.

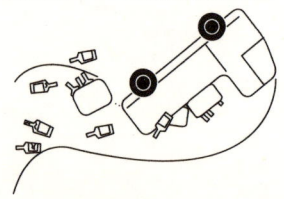

The truck which was carrying beer bottles has overturned.
The truck carrying beer bottles has overturned.

Mary was the only person who wrote a letter of thanks.
Mary was the only person to write a letter of thanks.

- 그들은 전국을 횡단해서 200킬로미터를 걸었는데, 그것은 우리에게 놀라운 것이었다.
- 그가 미국으로 떠난 날은 금요일이었다.
- 맥주병을 운반하던 트럭이 뒤집어졌다.
- 그 팀이 모든 경기에서 진 것을 우리는 믿을 수가 없다.
- 그 사고에서 부상을 입은 사람들은 병원으로 옮겨졌다.
- Mary는 감사 편지를 쓴 유일한 사람이었다.

Unit 7 등위절과 부사절

등위절과 부사절은 두 개의 기차를 체인으로 연결한 것처럼 두 개의 문장을 연결하는 것이죠. 이때 문장과 문장을 연결하기 위해 체인 대신 접속사를 사용해요.

등위절은 등위접속사로 연결되는데, '등위'라는 말에서 알 수 있듯이 연결할 때 똑같이 생긴 것끼리만 연결합니다. 연결되는 두 개의 요소가 문법적으로 동등한 지위를 갖고 있어서 문법적인 형태가 같다는 거예요.

부사절은 부사가 가질 수 있는 의미(시간, 이유, 양보, 목적 등)를 문장으로 나타낸 것이지요. 물론 문장이 하나의 부사로 쓰이기 위해서 특별한 장치가 필요해요. 각각의 의미에 맞는 종속접속사를 문장 앞에 다는 것이죠. 어디까지나 부하처럼 쓰이는 부사이기 때문에 부사절 혼자서는 독립할 수 없고 주절이라는 주인과 함께 쓰입니다.

Chapter 19 조건절

I 가정법의 시제

가정법은 if가 이끄는 조건절과 그 조건에 대한 결과 또는 상황을 서술하는 주절로 이루어져 있다. 가정법의 시제에는 현재, 과거, 과거완료가 있다.

If you have a problem with the product, you should call 999-9999.

가정법 현재는 현재나 미래에 발생할 가능성이나 실현될 가능성이 있는 것을 나타낸다.
조건절은 현재 시제를 쓰는 것이 원칙이다. 하지만 일반적 사실이나 습관을 나타낼 때 주절에 현재 시제를 쓰며, 미래에 대한 추측이나 예정을 나타낼 때는 미래 시제를 쓴다.

If I were to have enough money, I would buy a car.

가정법 과거는 현재 사실을 반대로 가정하거나 미래에 발생할 가능성이 없는 것을 말한다.
be동사는 인칭과 관계없이 were를 쓰는 것이 정확한 표현이다.
미래에 발생 가능성이 없는 것을 강하게 표현할 때 were to나 should를 쓸 때가 있다.
형태: if+과거 시제, 주어+would/could/should do

If you had not brought the key, we could have stayed outside all night.

가정법 과거완료는 과거 사실을 반대로 가정할 때 쓴다. 주절에는 과거에 대한 조동사 표현인
would have p.p.
should have p.p.
may/might have p.p.를 쓴다.

형태: if+과거완료, 주어+would/should/may/might have p.p.

- 만약 제품에 문제가 있다면, 999-9999에 전화하세요.
- 만약 내가 충분한 돈을 가지고 있다면, 나는 자동차를 살 것이다.
- 만약 네가 열쇠를 가져오지 않았다면, 우리는 밤새 밖에 있을 수 있었다.

2 혼합시제, ⟨I wish~⟩, ⟨as if~⟩

If he were more sensible, he wouldn't have made the same mistake.

혼합시제는 가정법 과거와 과거완료를 함께 쓰는 형태이다.
1. **if+과거완료, 주어+would do**
2. **if+과거시제, 주어+would have done**
1은 if절에 과거의 일을 사실과 다르게 가정하고, 그 결과로 발생한 현재의 상황을 반대로 말한다.
2는 if절에서 현재 상황을 반대로 가정하고, 그래서 발생한 과거의 상황을 반대로 말한다.

I wish I hadn't lost that camera.

if가 없이 쓰는 I wish 가정법은 현재 사실이나 과거 사실에 대한 반대를 표현한다. I wish 가정법 과거는 현재 사실의 반대 또는 미래의 불가능한 일을 소망하는 표현이며, 'I wish+주어+과거 시제'를 쓴다. be동사의 경우에는 인칭에 관계없이 were를 사용한다.
I wish 가정법 과거완료는 과거 사실의 반대를 소망할 때 쓰는 표현이며, 'I wish+주어+과거완료'를 쓴다.

He told me as if he had really seen a ghost.

가정문이 아닌 직설법의 문장에서 as if절을 사용하여 '마치 ~ 같다' 라는 표현을 쓸 수 있다. 가정문이 아니기 때문에 미래 시제나 현재 시제를 쓴다.

- 만약 그가 더 분별력이 있다면, 같은 실수를 하진 않았을 텐데.
- 내가 그 카메라를 잃어버리지 않았으면 좋았을 텐데.
- 그는 마치 정말 유령을 본 것처럼 나에게 말했다.

3 if가 없는 여러 가지 가정문 (1)

Had I finished the work earlier, I would have gone on picnic with my family today.

if를 생략하고 were, had, should를 주어 앞에 써서 가정법을 만들 수도 있다.

형태는 'were/had/should+주어+(동사)~' 이며 이것은 if가 생략되고 be동사나 조동사가 도치된 것으로 간주한다.
이러한 표현은 주로 문어체에 많이 쓰인다.

Unless you had had lunch yet, I would have bought you some food.

unless는 'if ~ not'의 의미를 가지고 있어서 부정형 가정문을 쓸 때 사용한다.
그래서 unless 가정문에서는 not을 쓰지 않는 것이 일반적이다.

I'll bring an umbrella in case it rains.

in case는 '~할 경우에' 라는 의미로 현재/과거 시제나 should를 사용하며, 주절의 행위가 일어나는 이유를 나타낸다.

또한 in case는 주절 뒤에 위치한다.

- 내가 일을 더 일찍 끝냈더라면, 오늘 나의 가족들과 소풍을 갔을 것이다.
- 아직 점심 식사를 안 하셨으면, 제가 음식을 좀 사왔을 텐데.
- 난 비가 올 경우를 대비해서 우산을 가지고 갈래.

3-1 if가 없는 여러 가지 가정문 (2)

Supposing you win the lottery, what will you do with the money?

if 대신에 suppose(가정하다), assume(가정하다)와 provide(제공하다)를 이용하여 가정문을 만들 수 있다. 이 동사를 현재분사나 과거분사로 변형시킨 다음 가정법으로 사용한다.

I started for the airport at once, otherwise, I would have missed the plane.

otherwise가 이끄는 부사절을 이용하여 가정법을 표현할 수 있다. otherwise는 '그렇지 않으면'이라는 뜻으로 주절에 나타난 행위가 일어나지 않았을 경우를 표현한다.

Even if he is waiting outside to apologize to me, I will not go out to see him.

even if(~할지라도)는 양보를 나타내는 접속사이지만, 현재 사실이나 확고한 다짐을 나타내기 위해 가정법으로 쓰이기도 한다.

- 네가 복권에 당첨된다고 하면, 그 돈으로 무엇을 할 거니?
- 나는 그 즉시 공항으로 출발했다. 그렇지 않았다면 나는 비행기를 놓쳤을 것이다.
- 그가 나에게 사과하기 위해 바깥에서 기다리고 있을지라도 나는 그를 만나러 나가지 않을 것이다.

3-2 if가 없는 여러 가지 가정문 (3)

Without(But for) her help,
I couldn't have finished the homework.
If it had not been for her help,
I couldn't have finished the homework.

without을 이용하여 과거 사실의 반대를 나타내는 가정법 과거완료를 표현할 수 있다.

without+명사/but for+명사,
주어+would/should/could/
might have p.p.
→ If it had not been for +명사 ~

It's time that we went to bed.

'It is time that 주어+동사'는 현재 사실에 반대를 말하기 때문에 가정법 과거를 쓴다. 현재 하고 있어야 하는 동작을 하지 않은 것에 대한 아쉬움과 재촉을 의미한다.

If only I could sing like you.

if only를 이용하여 I wish와 같이 소망이나 후회를 나타내는 가정문을 만들 수 있다.

- 그녀의 도움이 없었다면, 나는 숙제를 못했을 것이다.
- 지금은 우리가 자야 할 시간이다.
- 내가 너처럼 노래를 부를 수만 있다면.

Chapter 20 등위절

I 등위접속사

등위접속사는 단어, 구, 절을 대등하게 이어주는 접속사이다.
and, but, or, so, for, yet이 있다.

They changed the plans, for their child was ill.

and, but, or로 이어지는 단어, 구, 절 사이에는 쉼표(,)를 쓰지 않는다.
so(그래서), for(왜냐하면), yet(그럼에도 불구하고)은 단어나 구를 이어주지 않고 절을 이어주는 접속사이며 항상 쉼표(,)를 써야 한다.

Slow and steady wins the race.

and로 이어지는 단어가 불가분의 관계에 있거나 단일 개념일 경우 단수 취급한다.

The poet and novelist
시인이자 소설가

둘 중 하나를 의미하는 or는 단수를 가리키므로 이어지는 단어가 서로 인칭이 다르거나 수가 다를 경우 복수로 쓰지 않고 동사에 가까운 단어의 수, 인칭을 따른다.

Every student in my class doesn't like to take tests and to do homework.

등위접속사로 이어지는 단어, 구, 절은 문법적으로 같은 형태로 이어져야 한다. 이것을 병렬구조라고 한다.

- 그들은 그들의 아이가 아파서 계획을 변경하였다.
- 천천히 그리고 착실히 하는 편이 결국 이긴다. (속담)
- 나의 반에 있는 모든 학생들은 시험 치는 것과 숙제 하는 것을 좋아하지 않는다.

2 등위상관접속사

등위상관접속사란 서로 관련을 가진 두 개의 단어를 이어주는 접속사를 말한다. 이들은 언제나 짝을 지어 함께 어울려 다닌다.

He is not only a singer but also a movie actor.

부가적인 의미를 가지고 있는 상관접속사에는 다음과 같은 것들이 있다.

both A and B A와 B 둘 다
not only A but also B
A뿐만 아니라 B또한
B as well as A
A뿐만 아니라 B또한 (어순 주의)

He is neither rich nor diligent.

그 외의 상관접속사는 다음과 같다.

either A or B
A 아니면 B, A와 B 둘 중 하나
neither A nor B
A와 B 둘 다 아닌 (양자 부정)
not A but B A가 아니라 B

I think either you or Sara has a key for the treasure box.

상관접속사는 이어주는 앞과 뒤가 동일한 병렬구조로 쓴다. 단, 상관접속사로 이어진 두 단어가 주어로 쓰일 때 그 명사의 수에 주의해야 한다. **both A and B**는 A와 B가 셀 수 있는 명사면 복수동사를 쓰고, **not only A but also B, either A or B, neither A nor B, not A but B**는 동사에서 가까운 쪽의 단어에 맞춰 일치시킨다. **B as well as A**는 B에 맞추어 동사의 수를 일치시킨다.

- 그는 가수일 뿐만 아니라 영화배우이기도 하다.
- 그는 부자도 아니고 부지런한 것도 아니다.
- 내 생각에 너 아니면 Sara 둘 중 한 사람이 보물 상자의 열쇠를 가지고 있는 것 같다.

I 시간, 원인, 결과의 부사절 (1)

부사절이 주절의 앞에 위치할 때 부사절 뒤에 쉼표(,)를 쓴다. 또한 접속사 다음에는 '주어+동사'로 이루어진 문장이 뒤따르고, 전치사 다음에는 명사 또는 동명사가 온다는 것을 유념한다. 접속부사는 독립적으로 쓰이는 부사이므로 접속부사 다음에 쉼표(,)를 써준다.

시간의 부사절을 이끄는 접속사

while ~하는 동안
when ~할 때
as ~함에 따라
as soon as ~하자마자
before ~하기 전에
after ~한 후에
until ~할 때까지
by the time ~할 때까지는
since ~한 이후로
as long as ~하는 한, ~하는 동안

이 외에도 the next time, the first time, every time 등도 that절을 가지고 시간부사절을 이끈다. 시간을 나타내는 전치사로는 during(~동안에), for(~동안), since(이후로)가 있다. during은 기간을 나타내고, for는 시간의 길이, since는 시작한 시점을 나타낸다. 시간부사절 안에서의 시제는 미래 시제 대신에 현재/현재완료 시제가 쓰인다는 것에 주의한다.

원인과 결과를 나타내는 접속사

because, as, since, now that~(현재나 미래 상황의 원인) ~때문에

그 외에 원인과 결과를 나타내는 전치사로
because of, due to, owing to가 있으며 부사로는
consequently(결과적으로), therefore(따라서), as a result(결과로)가 있다.

또한 so/such~ that으로 '너무 ~ 해서 ~하다' 라는 인과 관계를 표현할 수 있다.

1-1 시간, 원인, 결과의 부사절 (2)

I will have finished the work by the time you get back.

Students were noisy while they were on the train.

The game was canceled as it rained hard.

Because he was bilingual, he got a job easily.

He failed the test, since he didn't study hard.

The accident occurred when he was crossing the street.

- 당신이 돌아올 때까지 제가 그 일을 끝내겠습니다.
- 비가 심하게 와서 경기가 취소되었다.
- 그는 열심히 공부하지 않아서 시험에 떨어졌다.
- 기차에 타고 있는 동안 학생들은 시끄러웠다.
- 그는 2개 언어를 구사할 수 있어서 쉽게 직장을 구했다.
- 그 사고는 그가 길을 건너고 있을 때 일어났다.

2 목적, 양보, 대조의 부사절

Hide it lest he (should) see it.

목적을 나타내는 표현
전치사로는 for, 부사구로는
in order to+동사원형,
so as+to부정사가 있다.

부사절을 이끄는 접속사로는
so that~, in order that~, lest
(~하지 않도록)가 있다.

Hide it in order that he can't see it.
Hide it so that he can't see it.

He seems to be about sixty, whereas(while) his wife looks about thirty.

대조를 나타내는 부사절
접속사로는 while, whereas, however가 있으며, 전치사로는 unlike '~와 달리'가 있다.

주절이 뒤에 나올 경우 while과 whereas가 이끄는 부사절 뒤에 쉼표(,)를 쓰고, 주절이 앞에 있을 경우, 부사절 앞에 쉼표(,)를 쓴다.

---

short & good

Though(Although) he is short, he plays basketball very well.

양보를 나타내는 부사절
접속사로는 though, although, even though, even if이 있으며 그 의미는 '~하더라도, ~일지라도'이다.
전치사와 전치사구로는 despite, in spite of '~에도 불구하고'가 있으며 부사로는 nonetheless '그럼에도 불구하고'가 있다.

- 그가 그것을 보지 못하도록 숨겨라.
- 그는 60살쯤 되어 보이는 반면에, 그의 아내는 30살쯤 되어 보였다.
- 비록 그가 키가 작지만, 그는 농구를 매우 잘한다.

Unit **1**

Exercise

문장

Chapter 1 시제

I 현재와 현재진행 시제

Word
keep

Sentence
그녀는 매일 밤 일기를 쓴다.
She _____ a diary every night.

Today

Word
make

Sentence
Mark는 오늘 저녁에 청중들 앞에서 연설을 할 것이다.
Mark _____ a speech in front of the audience this evening.

Word
start

Sentence
야구 시합은 이번 주 일요일 5시에 시작한다.
The baseball game _____ at 5 o'clock this Sunday.

2 과거와 과거진행 시제

Words
wake, be

Sentence

나는 고등학생일 때 항상 6시에 일어났다.
I always _____ at 6 o'clock when I _____ in high school.

Word
look

Sentence

그들은 선생님을 쳐다보고 있었다.
They _____ at the teacher.

Words
draw, stand

Sentence

Sara가 그림을 그리고 있는 동안, 선생님은 그녀의 뒤에 서 있었다.
While Sara _____ a picture, the teacher _____ behind her.

3 과거와 현재완료 시제

3 hours ago

Word
leave

Sentence
내 여동생이 세 시간 전에 파리로 떠났다.
My sister _____ for Paris three hours ago.

Word
break

Sentence
나는 다리가 부러졌다.
(내 다리는 아직 부러진 상태이다.)
I _____ my leg.

Words
meet, come

Sentence
나는 6월에 이곳에 온 후로 많은 사람들을 만났다.
I _____ many people since I _____ here in June.

4 과거와 과거완료 시제

Words

be, apologize

Sentence

그녀는 내가 사과하기 전까지 나에게 화가 나 있었다.

She _____ angry at me by the time I _____ to her.

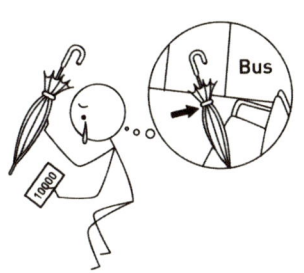

Words

buy, lose

Sentence

나는 우산을 잃어버려서 지난주에 우산을 하나 샀다.

I _____ an umbrella last week; for I _____ my old one.

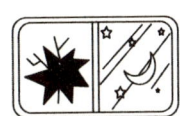

Words

get, find, break

Sentence

우리가 어젯밤 집에 도착했을 때, 우리는 누군가가 창문을 깼다는 것을 알아차렸다.

When we _____ home last night, we _____ that someone _____ the window.

5 미래와 미래진행 시제

Word
ring

Sentence
나는 내일 6시에 너에게 전화할 것이다.
I _____ you tomorrow at six.

Word
watch

Sentence
나는 8시 30분에 그 시합을 보고 있을 것이다.
I _____ the game at 8:30.

Word
sleep, come

Sentence
나는 네가 집에 오면 자고 있을 것이다.
I _____ when you _____ home.

6 미래와 미래완료 시제

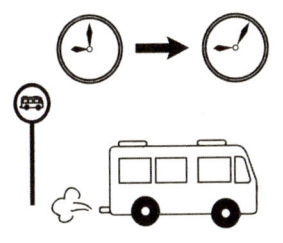

Word
be

Sentence
버스는 몇 분 안에 올 것이다.
The bus _____ here in a few minutes.

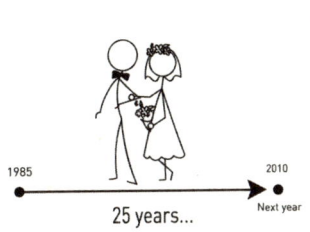

Word
be married

Sentence
내년이면 그들은 결혼한 지 25년째가 될 것이다.
Next year they _____ for 25 years.

Words
finish, be, call

Sentence
네가 일을 마칠 때면 저녁 식사가 준비되어 있을 것이다. 그때 널 부르겠다.
By the time you _____ your work, dinner _____ ready. Then I _____ you.

Chapter 2 의문문

1 Yes/No Questions: be동사, there is/are 구문

Sentence
She was beautiful.

Question
그녀는 아름다웠나요?

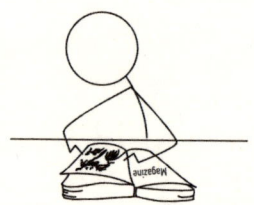

Sentence
He is reading a magazine now.

Question
그는 지금 잡지를 읽고 있습니까?

Sentence
You are going to go out tonight.

Question
당신은 오늘 밤 외출할 건가요?

Question

책상에 펜 한 자루가 있나요?

Is there a pen on the desk?

Response

Yes, there is. ( )
No, it's not. ( )

Question

그녀는 학교에 다닐 나이인가요?

Is she old enough to go to school?

Response

Yes, she does.( )
No, she isn't. ( )

Question

Tom, 네 시험결과를 알고 있니?

Are you aware of your exam result, Tom?

Response

Yes, I do. ( )
No, I am not. ( )

2 Yes/No Questions: 일반동사

Sentence
She looks happy.

Question
그녀가 행복해 보이나요?

Sentence
They know that you broke the window.

Question
당신이 창문을 깼다는 것을 그들이 알고 있나요?

Sentence
He wrote a letter to his mom.

Question
그가 그의 엄마에게 편지를 썼나요?

Question

그녀는 학교에 다니나요?

Does she attend school?

Response

Yes, she does. ( )
No, she isn't. ( )

Question

그를 파티에 초대했나요?

Did you invite him to the party?

Response

Yes, he did. ( )
No, I didn't. ( )

Question

당신은 그가 나에게 청혼했다는 걸 알고 있나요?

Do you know that he proposed to me?

Response

Yes, I know he was. ( )
No, I don't know. ( )

3 Yes/No Questions: 조동사/현재완료 시제

Sentence

You can speak French.

Question

당신은 프랑스어를 할 수 있나요?

Sentence

He will call me tonight.

Question

오늘 밤 그가 나에게 전화할까요?

Sentence

You have read this book before.

Question

당신은 이 책을 전에 읽어봤나요?

Question

당신에게 질문해도 될까요?

May I ask you a question?

Response

Yes, you may. ( )
No, you don't. ( )

Question

Tom이 벌써 왔어?

Has Tom come yet?

Response

Yes, he did. ( )
No, he hasn't yet. ( )

Question

제가 커피 한 잔 갖다 드릴까요?

Shall I get you a cup of coffee?

Response

Yes, please. ( )
No, you won't. ( )

4 Wh-Questions

Sentence
그는 어디서 일하고 있나요?

Sentence
당신은 얼마나 오래 기다리고 있었어요?

Sentence
그는 몇 시에 떠날 예정인가요?

Sentence
너는 오늘 왜 이렇게 늦게 일어났어?

Sentence
그녀에게 무슨 일 있어요?
그녀에게 무슨 일이 있었어요?

Sentence
여기서 우체국까지 얼마나 멀어요?

5 Other Types _ 기타 의문문

25-30

Sentence

너는 파티에 가고 싶지 않니?

Sentence

Sara는 곧 올 겁니다,
그렇지 않나요?

Sentence

그는 개를 좋아하지 않아요,
그렇죠?

Sentence
그가 내 케이크를 먹었는지 그에게 물어봐 줄래요?

Sentence
저에게 역까지 가는 방법을 가르쳐 줄 수 있으세요?

Sentence
창가 쪽 자리를 원하십니까, 통로 쪽 자리를 원하십니까?

Unit 2

Exercise

법조동사

Chapter 3 법조동사

I 의미에 알맞은 조동사 찾기: ability, permission

Word
play

Sentence
그는 피아노를 연주할 수 있다.
He _____ the piano.

Word
use

Sentence
당신은 내 컴퓨터를 써도 좋아요.
You _____ my computer.

Word
watch

Sentence
너는 지금 텔레비전을 볼 수 없다.
You _____ TV now.

in a year

Word

walk

Sentence

그 아기는 1년 안에 걸을 수 있을 것이다.

The baby　　　　　　in a year.

Word

stay

Sentence

그는 그가 원하는 만큼 여기에 있을 수 있다.

He　　　　　　here as long as he wants.

Word

speak

Sentence

당신은 외국어를 할 수 있는 게 있나요?

　　　　　　any foreign languages?

I-I 의미에 알맞은 조동사 찾기: possibility, certainty, necessity 7-12

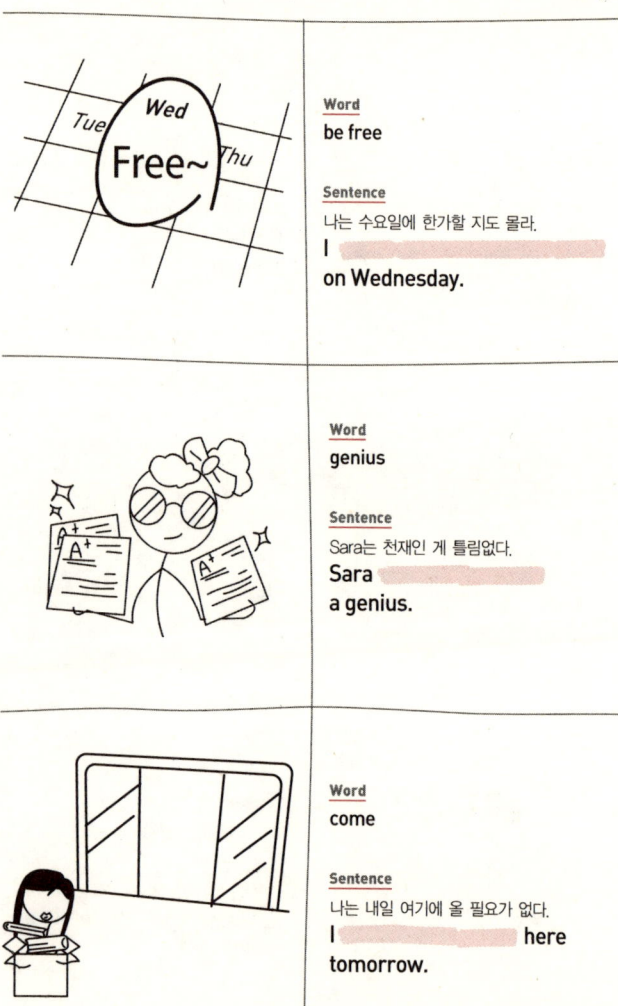

Word
be free

Sentence
나는 수요일에 한가할 지도 몰라.
I _____ on Wednesday.

Word
genius

Sentence
Sara는 천재인 게 틀림없다.
Sara _____ a genius.

Word
come

Sentence
나는 내일 여기에 올 필요가 없다.
I _____ here tomorrow.

Word

true

Sentence

그건 사실일 리가 없다.
It

Word

finish the work

Sentence

그녀는 9시까지 그 일을 마쳐야 할 것이다.
She   by 9.

Words

manufacture, product

Sentence

우리는 이번 주 안에 새로운 제품을 제조할 수 있어야 한다.
We

this week.

1-2 의미에 알맞은 조동사 찾기: advice, suggestion

Word
wear

Sentence
너는 스키를 탈 때 장갑을 껴야 한다.
You ___ gloves when you're skiing.

Word
invite

Sentence
내 생각에 우리는 Bill을 파티에 초대해야 할 것 같다.
I think we ___ Bill to the party.

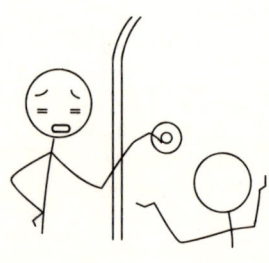

Word
had better, enter

Sentence
너는 지금 그의 방에 들어가지 않는 게 좋겠다.
You ___ his room now.

Word

take

Sentence

피곤해 보이네요.
당신은 휴식을 취해야겠어요.

You look tired.
You _____ a rest.

Word

have

Sentence

우리 저기서 커피를 마시는 것이 어때요?

_____ some coffee over there?

Word

take

Sentence

두통에 약을 좀 먹지 그러세요?

_____ some medicine for your headache?

1-3 의미에 알맞은 조동사 찾기: asking, offers, past tense

Word
open

Sentence
문 좀 열어주시겠습니까?

_____ the door, please?

Word
get

Sentence
내가 사다리를 갖다 줄까요?

_____ you a ladder?

Word
see

Sentence
당신의 면허증을 볼 수 있을까요?

_____ your license?

Word
join

Sentence
우리 모임에 가입하시겠습니까?
our club?

Word
go out

Sentence
우리 나가서 저녁 식사를 할까요?
for dinner?

Word
have

Sentence
나는 매일 우유 한 잔씩 마시곤 했다.
I a glass of milk every day.

2 조동사의 과거형 (1)

Word
run

Sentence
그녀는 버스를 잡기 위해 뛰어야만 했다.
She _____ to catch the bus.

Word
go

Sentence
나는 그때 집에 갈 수가 없었다.
나의 선생님이 나를 보내주지 않았다.
I _____ home then. My teacher didn't let me go.

Word
late

Sentence
나는 그가 늦을 거라고 생각했다.
하지만 그는 늦지 않았다.
I thought he _____ But he wasn't late.

Word

ask

Sentence

나는 그녀에게 질문을 할 필요가 없었다. 왜냐하면 그녀가 자세히 설명해 주었기 때문이다.

I ~~~~~ her a question. Because she explained in detail.

Word

walk

Sentence

나는 걸어서 출근해야 했다. 왜냐하면 내 차가 가는 길에 고장 났기 때문이다.

I ~~~~~ all the way to work. Because my car broke down on the way.

Word

call

Sentence

나는 어제 그녀에게 전화를 할 수 있었지만, 하지 않았다.

I ~~~~~ her last night, but I didn't.

2-1 조동사의 과거형 (2)

MP3 31-36

Word
have

Sentence
Tom이 내 샌드위치를 먹은 것이 틀림없다.
Tom   my sandwich.

Word
give

Sentence
그는 나에게 선물을 줬을 것이다.
(하지만 그는 그러지 않았다.)
He
me a present.

Word
sleep

Sentence
나는 오늘 아침 너무 피곤했어.
어젯밤에 푹 잤어야 했어.
I was so tired this morning.
I
well last night.

Word

invite

Sentence

우리는 파티에 더 많은 친구들을 초대했어야 했다.

We _____ more friends to the party.

Word

say

Sentence

나는 그에게 심한 말을 하지 말았어야 했다.

I _____ bitter words to him.

Word

have

Sentence

그녀가 바쁘지 않았다면 그녀는 저녁 식사를 했을 것이다.

She _____ dinner if she hadn't been busy.

Unit 3
Exercise
수동태

Chapter 4 수동태

I 의미에 알맞은 문장 고르기: 자동사, 타동사

Sentence

나에게 좋은 생각이 떠올랐다.
A good idea is occurred to me. ( )
A good idea occurred to me. ( )

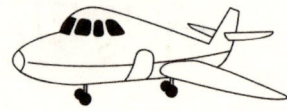

Sentence

비행기가 도착했다.
The plane has arrived. ( )
The plane was arrived. ( )

Sentence

나는 장미 한 송이를 받았다.
I was given a rose. ( )
I was received a rose. ( )

Sentence

회의는 호텔에서 열릴 것이다.

The meeting will be taken place at the hotel. ( )

The meeting will take place at the hotel. ( )

Sentence

우리는 이 집에서 살았다.

We were lived in this house. ( )

We used to live in this house. ( )

Sentence

그녀는 결혼하지 않고 있다.

She is remained unmarried. ( )

She remains unmarried. ( )

2 3형식 문장의 능동태(Active)와 수동태(Passive) 🎧 7-9

Active
Tom broke the window.

Passive
창문은 Tom에 의해서 깨졌다.

Active
She takes good care of my baby.

Passive
나의 아기는 그녀에 의해 잘 보살펴지고 있다.

Passive
These flowers will be sent to her by me.

Active
나는 이 꽃들을 그녀에게 보낼 것이다.

3 4형식 문장의 능동태와 수동태

Passive
I was taught how to ride a bicycle by my dad.

Active
아빠가 나에게 자전거 타는 방법을 가르쳐 주었다.

Active
I gave her a ring.

Passive
반지는 나에 의해 그녀에게 주어졌다.

Passive
I was offered the job but I refused it.

Active
그들이 나에게 일자리를 제의했지만 나는 그것을 거절했다.

Active
She told me what to do.

Passive
나는 그녀에게 해야 할 일을 들었다.

Passive
I was asked the way to the subway station by someone.

Active
어떤 사람이 나에게 지하철역으로 가는 길을 물어보았다.

Active
Mary will teach us Math.

Passive(1)
수학은 Mary에 의해서 우리에게 가르쳐 질 것이다.

Passive (2)
우리는 Mary에 의해서 수학을 배울 것이다.

4 5형식 문장의 능동태와 수동태

Passive

I was asked to go out by him.

Active

그는 나에게 데이트 신청을 했다.

Passive

She was seen to enter the room by me.

Active

나는 그녀가 방에 들어가는 것을 보았다.

Passive

Her baby was made to cry by her.

Active

그녀가 그녀의 아기를 울게 만들었다.

5 암기해야 할 수동태 표현

Sentence

지구는 둥글다고들 말한다.

_____ the Earth is round.

Sentence

지원자들은 이력서를 가져오는 것이 요구된다.

Applicants _____ bring a resume.

Sentence

우리는 시험 중에 말하는 것이 허용되지 않는다.

We _____ talk during the test.

Sentence
나는 오늘 아침에 몸이 좋지 않았다.
나는 집에 있으라는 충고를 받았다.

**I felt sick this morning.
I** ████████ **stay at home.**

Sentence
엄마는 나를 걱정했다.

Mom was ████ **me.**

Sentence
나의 부모님은 내 행동에 실망했다.

My parents ████████ **my behavior.**

Sentence
나는 뭔가가 부서지는 소리에 놀랐다.
I ____ the sound of something breaking.

Nobel Peace Prize

Sentence
그는 노벨 평화상 수상자로 알려져 있다.
He ____ the Nobel Peace Prize winner.

Sentence
나는 너의 성공에 기뻐하고 있다.
I ____ your success.

Sentence
나의 책상은 많은 책들로 뒤덮여 있다.
My desk　　　　　　
many books.

Sentence
나는 전시회를 여는 일에 관여하고 있다.
I　　　　　　　　holding
the exhibition.

Sentence
이 영화는 실제 이야기를 바탕으로 한다.
This movie　　　　　
the real story.

Unit 4

Exercise

준동사

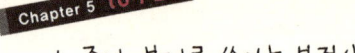

I 주어, 보어로 쓰이는 부정사

Word
make

Sentence
쿠키를 만드는 것이 나의 직업이다.
_____ is my job.

Word
make a speech

Sentence
영어로 연설하는 것은 쉽지 않다.
_____ is not easy.

Word
call abroad

Sentence
해외로 전화하는 것은 많은 돈이 든다.
_____ costs a lot of money.

2 동사 + to부정사

Word
sick

Sentence
그녀는 매우 아파 보인다.
She seems

Word
read

Sentence
나는 이번 학기에 많은 책을 읽기로 계획했다.
I planned   in this semester.

Word
take

Sentence
그들은 나를 디즈니랜드에 데려가겠다고 약속했다.
They promised

Word
see

Sentence
나는 당신을 곧 다시 만나길 바래요.
I hope _____ again soon.

Word
read

Sentence
나는 신문을 읽고 있는 척을 하였다.
I pretended _____ the newspaper.

Word
keep a pet

Sentence
네 부모님이 애완동물 기르는 것에 동의하셨니?
Did your parents agree _____

3 동사+목적어+to부정사 또는 원형부정사

MP3 10-12

Word
sing

Sentence
나는 그가 노래 부르는 것을 들었다.
I heard

Word
sneeze

Sentence
후추가 나를 재채기하게 하였다.
Some pepper caused

Word
wash

Sentence
나는 엄마가 설거지 하는 것을 도왔다.
I helped

4 형용사 + to부정사

Word
check

Sentence
운전할 때 도로 표지판을 확인하는 것은 중요하다.
It is _____ _____ when you drive.

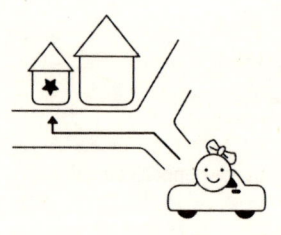

Word
go

Sentence
그곳에 가는 것이 그녀에게 필요하다.
It is _____ _____

Word
sit on

Sentence
내 안경 위에 앉다니 난 너무 어리석었다.
I was _____ _____

Word

help

Sentence

그녀는 기꺼이 그의 숙제를 돕는다.
She
with his homework.

Word

reluctant

Sentence

그는 그녀에게 말을 걸기를 주저했다.
He
to her.

Word

late

Sentence

우리가 그 기차를 타기에는 너무 늦었어.
이미 떠났을지도 몰라.

We are

It may have already gone.

5 명사+to부정사

Word
work

Sentence
나는 오늘 해야 할 일이 많다.
I have   today.

Word
opportunity

Sentence
마침내 그녀는 휴가를 떠날 기회가 생겼다.
Finally she has   on a vacation.

Word
take care of

Sentence
그녀는 보살펴야 할 세 아이가 있다.
She has

Word

serve

Sentence

우리는 손님들을 대접할 많은 맛있는 음식들을 가지고 있다.

We have _____ _____ guests.

Words

make an effort, break

Sentence

그들은 감옥을 탈출하려고 노력하였다.

They _____ out of prison.

Words

attempt, sneak out

Sentence

그는 내가 교실을 몰래 빠져나가려는 것을 막았다.

He stopped _____ _____ of the class room.

6 의문사 + to부정사

Word
make

Sentence
나는 쿠키 만드는 법을 알고 있다.
I know

Word
go

Sentence
나는 언제 학교에 가는지 모른다.
I don't know

Word
way

Sentence
그는 어느 길로 가야 하는지 나에게 물어보았다.
He asked me

Word

do first

Sentence

무엇을 먼저 해야 할지 결정하는 것이 중요하다.

It is important to decide

Word

have

Sentence

나는 아직 어디서 저녁 식사를 할지 정하지 않았다.

I haven't decided yet

Word

deal with

Sentence

엄마는 내가 화난 기분을 다루는 법을 배울 필요가 있다고 말했다.

My mom said that I need

my anger.

7 목적을 나타내는 to 부정사

Word
be in time

Sentence
마지막 버스를 타는 시간에 맞게 도착하려면 당신은 11시에 사무실을 떠나야 합니다.
You must leave the office at 11 p.m.

Word
get

Sentence
거기에 빨리 도착하기 위해서, 우리는 택시를 타야 한다.
 we should take a taxi.

Word
get better

Sentence
나는 엄마를 낫게 하려고 따뜻한 치킨 수프를 만들었다.
I made my mom a warm chicken soup

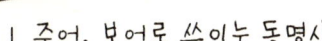

1 주어, 보어로 쓰이는 동명사

Word
meet

Sentence
나의 여자 친구를 만나는 것은 항상 나를 행복하게 한다.

_____ always makes me happy.

Word
water

Sentence
정원의 꽃에 물을 주는 것이 내가 아침에 가장 먼저 하는 일이다.

_____ is the first thing to do in the morning.

Word
stay up

Sentence
늦게까지 자지 않고 있는 것은 건강에 좋지 않다.

_____ is not good for health.

2 동사+동명사

Word
change

Sentence
아버지는 직업을 바꾸는 것을 고려하고 있다.
My father considers

Word
read

Sentence
그녀는 어젯밤에 그 책을 다 읽었다.
She finished last night.

Word
smoke

Sentence
그는 지난주부터 담배를 끊었다.
He has quit since last week.

Word
play

Sentence
나는 축구하는 것을 즐겼다.
I enjoyed　　　　 soccer.

Word
open

Sentence
제가 창문을 열어도 괜찮을까요?
Do you mind　　　　 the window?

Word
playing

Sentence
나는 그녀에게 그만하라고 했지만 그녀는 계속해서 컴퓨터 게임을 했다.

I told her to stop, but she kept 　　　　 computer games.

3 동사+목적어+동명사

Word
wait

Sentence
내가 너를 너무 오래 기다리게 해서 미안해.
I'm sorry to keep so long.

Word
make a noise

Sentence
난 더 이상 네가 소란 피우는 걸 못 참겠다.
I can't stand anymore.

Word
wear

Sentence
나는 Tom이 앞치마를 입은 것을 상상할 수가 없다.
I can't imagine an apron.

Word
snore

Sentence
나는 그가 코를 고는 것을 멈추게 했다.
I stopped

Word
turn on

Sentence
제가 라디오를 좀 켜도 될까요?
Would you mind the radio?

Word
run

Sentence
그는 나에게 기계를 계속 작동시키라고 말했다.
He told me to keep

4 전치사 + 동명사

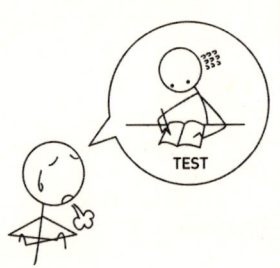

Word
take

Sentence
나는 시험을 치는 것이 두렵다.
I am afraid   a test.

Word
learn

Sentence
나는 언어를 배우는 것에 능숙하다.
I'm good   languages.

Word
finish

Sentence
너는 이 일을 끝내지 않고서는 아무 데도 갈 수 없다.
You can't go out anywhere   the work.

Word

collect

Sentence

그는 야구 선수들의 카드를 모으는 것에 흥미가 있다.

He is interested baseball cards.

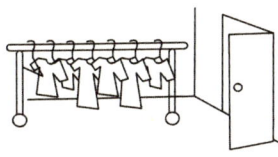

Word

change

Sentence

이 방은 옷을 갈아입기 위한 방이다.

This room is only clothes.

Word

study

Sentence

그녀는 공부를 하는 것에 싫증이 났다.

She is fed up

ㄷ 동명사 관용표현

Word
answer

Sentence
나는 전화를 받느라 바빴다.
I was busy _____ phone calls.

Word
get

Sentence
나는 너의 편지가 오기를 학수고대한다.
I _____

Word
use

Sentence
나는 젓가락을 사용하는 데 익숙하다.
I _____

Word

arrive

Sentence

교통 체증이 나를 제시간에 도착하지 못하게 했다.

The traffic jam _____ me _____ on time.

Word

go

Sentence

나랑 오늘 밤 쇼핑하러 갈래요?

Would you like to _____ tonight with me?

Word

think

Sentence

나는 새 자동차를 살까 생각 중이다.

I _____

Word

spend

Sentence

그는 텔레비전을 보는 데 많은 시간을 보냈다.

He ▓▓▓▓ a lot of time ▓▓▓▓ ▓▓▓▓

Word

feel like

Sentence

오늘 밤 나가서 저녁 식사하고 싶어요?

Do you ▓▓▓▓ for dinner tonight?

Word

ask

Sentence

나는 부모님께 돈을 달라고 할 수밖에 없었다.

I ▓▓▓▓ ▓▓▓▓ my parents for money.

Word
insist

Sentence
그는 자신이 꼭 밥 먹은 값을 내겠다고 고집했다.
He _____ for the meal.

Word
congratulate

Sentence
우리는 Mary가 시험에 합격한 것을 축하해 주었다.
We _____ Mary _____

Words
have a hard time/have/difficulty/have trouble

Sentence
나는 새로운 일자리를 구하는 데 어려움을 겪었다.

_____

6 타동사의 목적어로 알맞은 형태 찾기

Sentence

그는 내가 손을 씻지 않은 채 들어가는 것을 거부했다.

He refused (letting/to let) me in without washing my hands.

Sentence

나는 다시는 거짓말을 하지 않겠다고 약속했다.

I promised (not to tell/not telling) a lie again.

Sentence

나는 오늘 밤에 외출하고 싶지 않다.

I don't feel like (to go/going) out tonight.

Sentence

내 생각에 아기가 기저귀를 갈고 싶어하는 것 같다.

I think my baby wants (to change/changing) his diaper.

Sentence

점심시간 후에 그녀는 계속해서 일했다.

After lunch, she continued (to work/working).

Sentence

그녀는 전화를 걸기 위해 공중전화 부스에서 멈췄다.

She stopped by the phone booth (to call/calling).

Sentence

나는 그녀에게 전화를 했다는 사실을 잊고 있었다.

I forgot (to call/calling) her.

Sentence

점심 식사 후에 약을 먹어야 한다는 걸 기억하세요.

Remember (to take/taking) medicine after lunch.

Sentence

당신에게 이런 말을 하게 되어서 유감스럽지만 우리 가게는 곧 문을 닫습니다.

I regret (to say/saying) to you that we are closing soon.

Chapter 7 분사

I 현재분사와 과거분사

Word

fall

Sentence

저기 떨어진 낙엽들을 봐!
Look at those (falling/fallen) leaves!

Word

dance

Sentence

나는 춤을 추는 아기를 보았다.
I saw a (dancing/danced) baby.

Word

write

Sentence

이 책 영어로 쓰인 걸 읽어본 적이 있나요?
Have you ever read this book (writing/written) in English?

Word
lose

Sentence
그녀는 잃어버린 책을 찾고 있다.
She is looking for the (losing/lost) book.

Word
confuse

Sentence
당신은 무척 혼란스러워 보여요.
You look so (confusing/confused).

Word
overlook

Sentence
내 방에는 정원이 내다보이는 창문이 있다.
There is a window in my room (overlooking/overlooked) the garden.

2 분사의 위치

Word
dance

Sentence
탁자 위에서 춤을 추고 있는 사람은 나의 아버지이다.
_____ is my father.

Word
talk

Sentence
Mark는 그의 아들에게 이야기를 하고 있다.
Mark _____

Word
break

Sentence
그 창문들은 Jack에 의해 깨졌다.
_____ by Jack.

Word
playing

Sentence
나는 엄마가 피아노 연주하는 것을 들었다.
I heard

Word
interest

Sentence
나는 네가 공부에 흥미를 가진 걸 보니 행복하구나.
I am happy to see

Word
cover

Sentence
저 눈으로 덮인 산을 봐.
Look at

3 분사구문

Sentence
공부하는 게 지겨워져서 그녀는 산책하러 나갔다.
As she was tired of studying, she went for a walk.
➡ she went for a walk.

Sentence
비가 너무 세차게 내리기 시작해서
우리는 소풍을 취소해야만 했다.
Because it started raining so hard, we had to cancel the picnic.
➡ we had to cancel the picnic.

Sentence
집에 도착하자마자 그는 편지를 뜯어보았다.
As soon as he arrived home, he opened his letter.
➡ he opened his letter.

Sentence

나무로 지어져서 이 집은 고전적으로 보인다.

Built of wood, this house looks classic.

➡ _____ this house looks classic.

Sentence

집에 혼자 남겨졌을 때 그녀는 외로움을 느꼈다.

Left alone in the house, she felt lonely.

➡ _____ she felt lonely.

Sentence

라디오를 들으면서 그녀는 편지를 쓰고 있었다.

While she was listening to the radio, she was writing a letter.

➡ _____ she was writing a letter.

Unit 5

Exercise

품사

Chapter 8 명사

1 셀 수 있는 명사와 셀 수 없는 명사

Word
idea

Sentence
A: 수영하러 가자!
B: 그거 좋은 생각이야.

A: Let's go swimming!
B: That's

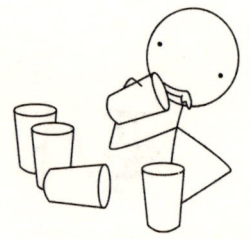

Word
water

Sentence
나는 하루에 많은 물을 마신다.
I drink so much a day.

Word
furniture

Sentence
그 모든 가구들을 어떻게
너희 집으로 옮길 수 있을까?

How can we move all
the to your house?

Word
paper

Sentence
그는 나에게 종이 한 장을 가져오게 하였다.
He let me bring him

Word
sand

Sentence
내 신발에 모래가 있는 것 같다.
I think there
in my shoes.

Word
vinegar

Sentence
수프에 식초 한 방울만 넣어라.
Put　　　　　　　in(to)
the soup.

Word
milk

Sentence
엄마가 나에게 우유 한 병을 사오라고 했다.
Mom told me to buy

Words
luggage, bag

Sentence
나는 짐을 많이 가지고 있지 않아요.
단지 가방 두 개 뿐이에요.
I don't have a lot of
I have just two

Word
space

Sentence
나의 아파트는 너무 작다.
나는 많은 공간을 가지고 있지 않다.
My apartment is too small.
I haven't got much

2 셀 수 있거나 셀 수 없는 명사

Word
time

Sentence
나는 오늘 잘 시간이 없다.
I haven't got _____ to sleep tonight.

Words
wonderful, time

Sentence
우리는 해변에서 멋진 시간을 보냈다.
We had _____ in the beach.

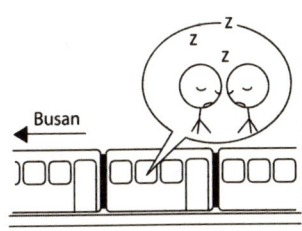

Words
travel or journey

Sentence
기차를 타고 부산으로 가는 우리의 여행은 정말 지루했다.
Our _____ to Busan by train was very boring.

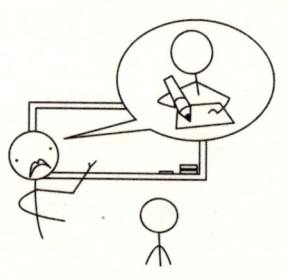

Word
paper

Sentence
너는 강의의 주요 내용을 종이에 필기할 필요가 있다.

You need to note down the main points of the lecture on

Word
paper

Sentence
그 서류를 한번 훑어봐 주지 않겠니?
Look through the will you?

Words
coffee, orange juice

Sentence
우리는 커피 두 잔과 오렌지 주스 한 잔을 마실게요.

We would like to drink two and an

3 단수명사 & 복수명사

Word

cloth

Sentence

옷이 날개다. (속담)
Fine make the man.

Word

Mathematics

Sentence

수학은 어렵지만 재미있다.
difficult but interesting.

Word

police

Sentence

경찰들이 용의자를 기다리고 있다.
The police waiting for the suspect.

Word
manner

Sentence
그녀는 예의가 바르다.
She has good

Word
jeans

Sentence
그녀는 회의에 청바지를 입고 나타났다.
She showed up wearing at the meeting.

Word
pants

Sentence
나는 아들에게 바지 두 장을 사주었다.
I bought my son two

Chapter 9 관사

I a /an 그리고 the 혹은 관사가 필요 없는 경우

Sentence

나는 샌드위치를 먹었다.
그 샌드위치는 별로 맛이 없었다.

I ate ▮ sandwich. ▮ sandwich was not very good.

Sentence

▮ Earth goes round ▮ sun.

지구는 태양 주위를 돈다.

Sentence

A: 반에서 가장 키가 큰 아이가 누구지?
B: Tom과 Bill이야. 그들은 키가 같아.

A: Who is ▮ tallest boy in ▮ class?
B: Tom and Bill. They are ▮ same.

Sentence

우리 교실은 5층에 있다.

Our classroom is in   fifth floor.

Sentence

그는 에디슨과 같은 사람이 되고 싶다고 말한다.

He says that he wants to be   Edison.

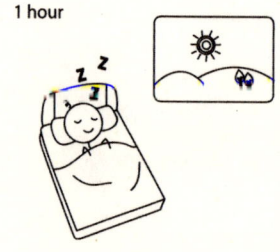

Sentence

그는 하루에 한 시간씩 낮잠을 잔다.

He takes   nap for   hour   day.

Sentence

나는 요즘 기타를 배우고 있다.

I'm learning guitar these days.

Sentence

우리는 휴가를 즐길 수가 없었다.
그 호텔(우리가 묵었던 호텔)은 너무 끔찍했다.

We couldn't enjoy our vacation. hotel was awful.

Sentence

나는 2주 동안 입원해 있었다.

I have been in hospital for 2 weeks.

Sentence

A: 즐거운 휴가 보내셨어요?
B: 네, 제가 보낸 휴가 중에 최고의 휴가였어요.

**A: Did you have   nice holiday?
B: Yes, it was   best holiday I've ever had.**

Sentence

나는 땅에 누워서 하늘을 바라보았다.

I lay down on   ground and looked up at   sky.

Sentence

그 시험지는 풀기에 어려운 것은 아니었는데 나는 8번 문제를 풀지 못했다.

** examination paper wasn't too difficult to solve but I couldn't answer   Question 8.**

Sentence

창문 좀 열어주시겠어요?
Could you open   window?

Sentence

말은 매우 빨리 달릴 수 있다.
     horse can run so fast.
= Horses can run so fast.

Sentence

학교에서 내가 좋아하는 과목은 역사이다.
My favorite subject at school is   history.

2 고유명사와 관사

Sentence

우리는 그 의사를 불렀다.
그는 Johnson 박사였다.

We called doctor. **He was** Doctor Johnson.

Sentence

그들은 산 가까이에 산다.
그들은 한라산 가까이에 산다.

They live near mountain.
They live near Mount Halla.

Sentence

그녀는 캐나다와 미국을 방문했다.

She visited Canada **and** United States.

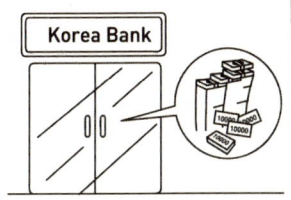

Sentence

이 지폐는 한국은행에서 발행된다.
This bill is issued from Bank of Korea.

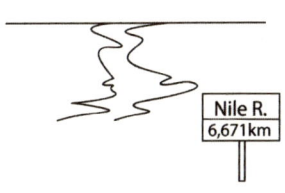

Sentence

세계에서 가장 긴 강은 나일 강이다.
longest river in world is Nile.

Sentence

부산은 한국의 남쪽에 있다.
Busan is in south of Korea.
Busan is in southern Korea.

Chapter 10 한정사

1 all, every, each

Sentence

정원에 있는 모든 꽃들은 아름답다.
All　　　 in the garden　　　 beautiful.

Sentence

버스의 모든 좌석이 차 있었다.
Every　　　 in the bus　　　 taken.

Sentence

탁자에 있는 각각의 책은 크기가 달랐다.
　　　　　 on the table　　　 a different size.

Sentence
Sara는 도서관에 있는 모든 책을 읽었다.
Sara has read ~~~~~~ **in the library.**

 World Cup

▶ France (1998)
　▶ Korea /Japan (2002)
　　▶ Germany (2006)
　　　▶ Republic of South Africa (2010)

Sentence
월드컵은 4년마다 다른 나라에서 개최된다.
The World Cup is held ~~~~~~ **in a different country.**

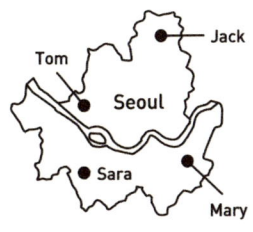

Sentence
모든 내 친구들은 서울에서 살고 있다.
All ~~~~~~ **in Seoul.**

2 some, any

Sentence

나는 수학을 가르친 경험을 좀 가지고 있다.

I have some experience in teaching math.

Sentence

그녀는 돈이 하나도 없이 나갔다.

She went out without any money.

Sentence

만약 내게 온 편지가 있으면, 좀 갖다 주실래요?

If there are any letters for me, can you bring me them?

Sentence

제 커피에 우유를 좀 넣어 주실래요?

Can I have milk in my coffee, please?

Sentence

이 기계는 사용하기 쉽다.
누구라도 짧은 시간에 사용법을 배울 수 있다.

This machine is very easy to use.

** can learn to use it in a short time.**

Sentence

저기 누군가 왜!
나는 가장 먼저 도착하는 사람에게 이 상을 줄 거야.

**There's coming!
I will give the prize to who arrives first.**

3 no, none, any

Sentence

아무도 내 방에 있는 것을 만질 수 없어!

 can touch in my room!

Sentence

학생들 중에 아무도 시험에서 A를 받지 못했다.

 of the students got an A on the test.

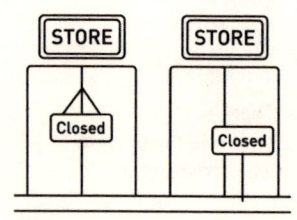

Sentence

문을 연 가게가 없었다.

There were open.
There were not open.

4 many, much, little, few, a lot

New York　　**LA**　　**Hawaii**

Sentence
나는 많은 도시에 많은 집들을 소유하고 있다.
I own _____ **in** _____

Sentence
그녀는 휴식을 취할 수 있는 시간이 많다.
She has _____ **to take a rest.**

Sentence
내 손에 몇 장의 카드가 남아 있다.
_____ **are left in my hands.**

Sentence

책상에 컴퓨터를 놓을 공간이 거의 없다.

There is _____ for this computer on the desk.

Sentence

많은 사람들이 내 사진을 찍으러 왔다.

_____ of people have come to take a picture of me.

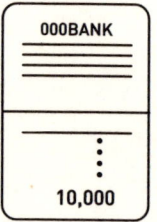

Sentence

내 은행 계좌에 돈이 조금 있다.

There is _____ money in my account.

5 both, either, neither

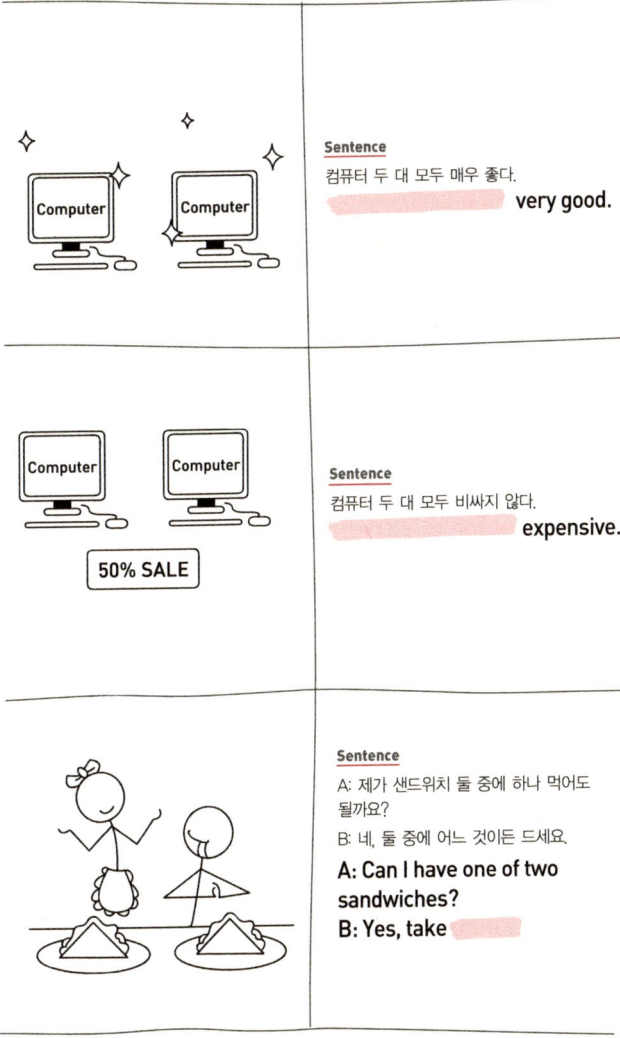

Sentence
컴퓨터 두 대 모두 매우 좋다.
_____ very good.

Sentence
컴퓨터 두 대 모두 비싸지 않다.
_____ expensive.

Sentence
A: 제가 샌드위치 둘 중에 하나 먹어도 될까요?
B: 네, 둘 중에 어느 것이든 드세요.

A: Can I have one of two sandwiches?
B: Yes, take _____

Sentence

나의 형들은 둘 다 음악 듣는 것을 좋아한다.

██████ like listening to music.

Sentence

두 사람 모두 우산을 가지고 있지 않다.

██████ an umbrella.

Sentence

당신은 월요일이나 화요일에 와도 돼요. 둘 중 아무 요일이나 괜찮아요.

You can come on Monday or Tuesday. ██████ okay.

6 한정사+of

Sentence

우리 모두가 노래를 부르고 있다.

_____ are singing a song.

Sentence

이 돈 중에 어느 것도 내 것이 아니다.

_____ this money belongs to me.

Sentence

내 친구들 중 대부분이 나에게 선물을 주었다.

_____ my friends gave me presents.

Sentence
나의 부모님 중 어느 분도 나보다 크지 않다.

_____ is not taller than me.

Sentence
나는 그 문제들 중 어떤 것에도 답할 수가 없었다.

I could answer _____

Sentence
나의 부모님 두 분 모두 안경을 쓰지 않으신다.

_____ wears glasses.

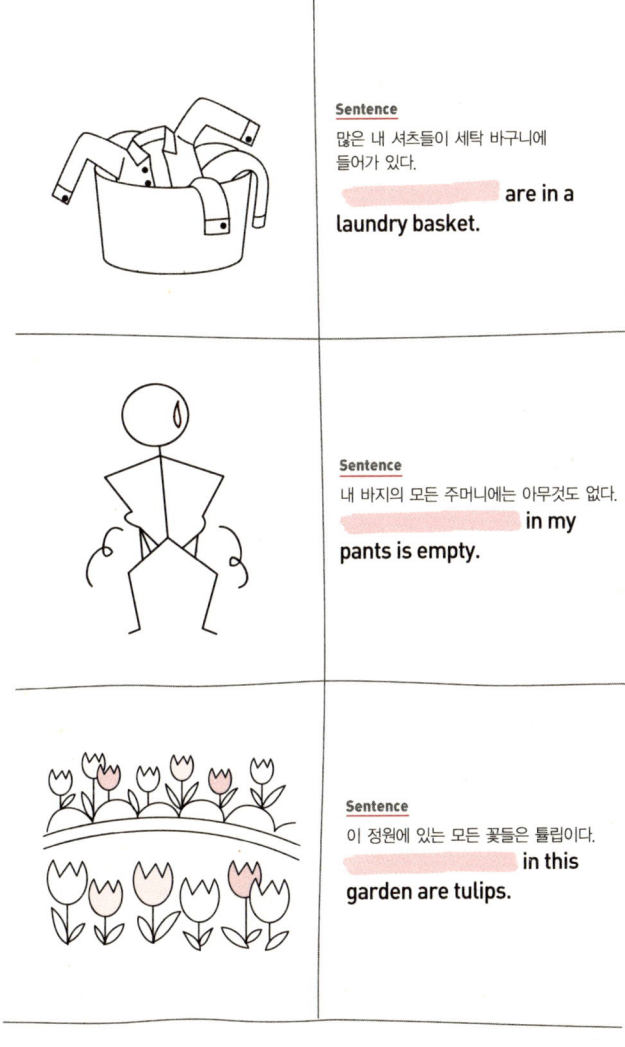

Sentence
많은 내 셔츠들이 세탁 바구니에 들어가 있다.

_____ are in a laundry basket.

Sentence
내 바지의 모든 주머니에는 아무것도 없다.

_____ in my pants is empty.

Sentence
이 정원에 있는 모든 꽃들은 튤립이다.

_____ in this garden are tulips.

η another, other, others

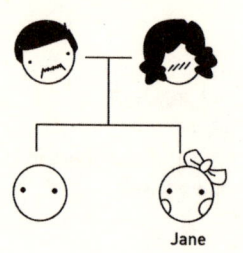

Sentence

나는 여동생 Jane이 있다.
나는 또 다른 형제가 없다.

I have a sister, Jane.
I have no _____ siblings.

Sentence

나는 그녀와 또 다른 한 사람이 같이
길을 걸어가는 것을 보았다.

I saw her and one _____
walking down the street.

Sentence

커피 한 잔 더 하시겠어요?

Would you like _____ cup of
coffee?

Sentence

너는 서울에서 떨어진 다른 도시에 가본 적이 있니?

Have you ever been to　　　　　　apart from Seoul?

Sentence

공원에서 몇몇 사람들은 걷고 있고 다른 사람들은 휴식을 취하고 있다.

　　　people are walking and 　　　are taking a rest in the park.

Sentence

그녀는 마치 다른 사람처럼 보였다.

She looked like

Chapter 11 대명사

I 인칭대명사와 지시대명사

Sentence

그녀는 그에게 그녀의 전화번호를 주었다.

■ gave ■ ■ number.

Sentence

이 분들은 나의 부모님이다.
내일 너에게 그들을 소개시켜 줄게.

■ are my parents. ■ am going to introduce ■ to ■ tomorrow.

Sentence

그들 뒤편에 있는 멋진 차 한 대를 봤다.
그것은 그들의 것이었다.

I saw a fancy car behind ■.
It was ■.

2 부정대명사

Sentence

내 등에 뭐가 있나요?
Is there _____ on my back?

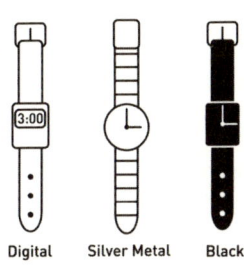

Digital   Silver Metal   Black

Sentence

나는 손목시계를 세 개 가지고 있다. 하나는 디지털 시계이고, 다른 하나는 은색 금속 시계, 나머지 하나는 그냥 검은 시계이다.

**I've got three watches.
_____ is digital.
_____ is silver metal, and
_____ is just black.**

Sentence

사람은 자신의 부모님을 따라야 한다.
_____ should obey _____ parents.

Sentence

몇몇은 걸어서 학교에 갔고
다른 몇몇은 버스를 타고 갔다.

went to school on foot; and **went by bus.**

Sentence

3교시는 외국어 시간이다.
학생들 중 몇 명은 프랑스어를 배운다.
나머지는 독일어를 배운다.

The third class is for foreign languages. **of the students are for French.** **are for German.**

Sentence

학생들 중 한 명은 영국에서 왔고,
다른 학생들은 프랑스에서 왔다.

of the students comes from England, and **are from France.**

3 의문대명사

Sentence
그들은 무엇을 하고 있니?

_____ are they doing?

Sentence
만화책과 소설 중에 어떤 것을 더 좋아하니?

_____ do you prefer, comic books or novels?

Sentence
A: 이 차는 누구의 것이야?
B: 그건 내 것이야.

A: _____ car is this?
B: It's mine.

Sentence
졸업 파티에 너의 데이트 상대는 누구니?
Who is your date to the prom?

Sentence
당신의 이전 직업은 무엇이었습니까?
What was your previous job?

Sentence
Tom, 이 중에 네 책은 어떤 것이니?
Tom, which is your book among these?

4 there, it

Sentence
A: 탁자 위에 펜이 있나요?
B: 네, 있어요.

A: ▆▆▆ a pen on the table?
B: Yes, ▆▆▆

Sentence
위층이 너무 시끄럽다. 사람들이 큰소리로 떠든다. 새벽 3시인데!

▆▆▆ so noisy upstairs. People talk so loudly. ▆▆▆ 3 o'clock in the morning!

Sentence
그녀가 학급 앞에서 그 노래를 부른 것은 멋있었다.

▆▆▆ wonderful ▆▆▆ she sang the song in front of the class.

Sentence

그녀는 번잡한 도로에 살고 있다.
그것은 분명히 시끄러울 것이다.

**She lives on a busy road.
must be very noisy.**

Sentence

탁자 위에 컵 두 개가 있다.
그것들은 주스로 채워져 있다.

two cups on the table. filled with juice.

Sentence

그녀는 번잡한 도로에 살고 있다. 거기엔 분명히 자동차 때문에 많은 소음이 있을 것이다.

She lives on a busy road. must be a lot of noise from the traffic.

5 each other, one, ones

Sentence

나는 동물들을 좋아해요.
특히 작은 동물들이요.

I like animals. Especially, little

Blue　　　　Black

Sentence

펜 세 개 좀 주세요. 파란색 두 개와
검은색 한 개요.

Please give me three pens, two blue   a black

Sentence

그들은 서로에게 화가 난 것처럼 보인다.

They look mad at

Sentence
나는 펜이 없어요. 하나 빌릴 수 있을까요?
I don't have a pen. Can I borrow

Sentence
Bill과 나는 거리에서 우연히 마주쳤다.
Bill and I bumped into   on the street.

Sentence
우리는 항상 서로의 숙제를 도와준다.
We always help with

Chapter 12 형용사

I 형용사의 위치

Words
hot, cold

Sentence
정말 더워요. 차가운 거 있나요?
Is there

Word
happy

Sentence
그녀는 지금 행복해 보인다.

Word
clean

Sentence
너는 네 방을 깨끗하게 유지해야 한다.
You

Word
friendly

Sentence

너는 이웃 사람들과 친하게 지내야 한다.
You should

Word
anxious

Sentence

그의 어머니는 그의 장래에 관해 매우 걱정하고 있다.

about his future.

Word
nervous

Sentence

Sara의 운전은 우리를 긴장하게 만들었다.
Sara's driving

2 서술형용사와 한정형용사

Sentence

나는 어제 외로운 밤을 보냈다.
I had a (alone/lonely) night yesterday.

Sentence

나는 음악을 켜둔 채 잠이 들었다.
I fell (sleepy/asleep) with music playing.

Sentence

He wanted to know my present address.
그는

Sentence

John은 Jane이 그를 좋아하지 않는다는 것을 알게 되었다.

John became (aware/known) that Jane didn't like him.

Sentence

그는 덩치가 큰 데도 불구하고 쥐를 무서워한다.

He is (dreaded/afraid) of mice, even though he is a big guy.

Sentence

그가 범인이라는 확실한 증거는 없다.

There is no (certain/definite) proof that he committed the crime.

3 여러 형용사들의 어순

Words
American, small, old

Sentence
그들은 키가 작고 늙은 미국 여행자들이다.
They are _____ travelers.

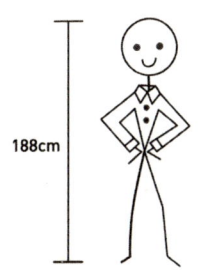

Words
tall, blue, white, old, young, cotton

Sentence
나는 크고 파란 눈을 가진 키가 크고 젊은 남자가 오래된 하얀 면 셔츠를 입고 있는 것을 보았다.
I saw a _____ man with _____ eyes wearing an _____ shirt.

Words
long, nice

Sentence
나는 길고 재미있는 여름휴가를 보냈다.
I had a _____ summer vacation.

Words
black, big, fat

Sentence
나는 크고 뚱뚱한 검은 고양이를 가지고 있다.

I have a　　　　cat.

Words
hot, delicious

Sentence
나는 따뜻하고 맛있는 야채 수프를 먹었다.

I had a　　　　vegetable soup.

Words
large, wooden

Sentence
그녀는 나무로 된 큰 탁자에서 커피를 마시고 있다.

She is drinking a coffee at the　　　　table.

4 the+형용사

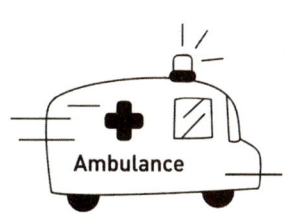

Word
injure

Sentence
부상자들은 구급차에 실려 병원으로 옮겨졌다.

_____ were taken by ambulance to the hospital.

Word
blind

Sentence
경찰관이 맹인이 길을 건너는 것을 도와주었다.

_____ cross the street.

Word
care for, sick

Sentence
간호사들은 환자를 간호한다.

_____

Word
weak

Sentence
사람은 약한 자들을 도와야 한다.
One

Words
wound, first aid

Sentence
부상자들은 응급 치료를 받았다.

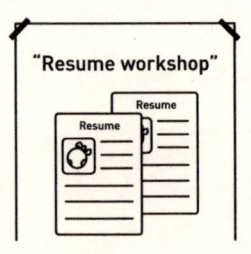

Word
employ

Sentence
그들은 실업자들에게 이력서 작성 강습을 제공하고 있다.
They are offering resume workshops

5 의문사와 형용사

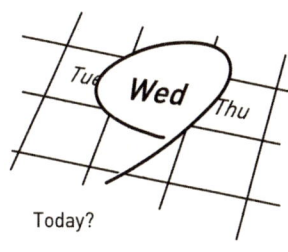

Sentence
오늘이 무슨 요일인가요?

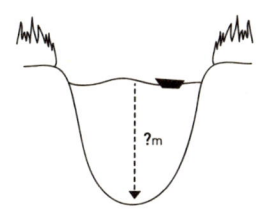

Sentence
이 호수는 얼마나 깊은가요?

Sentence
당신은 얼마나 많은 차를 가지고 있나요?

Sentence

당신은 어느 책을 읽고 싶어요?

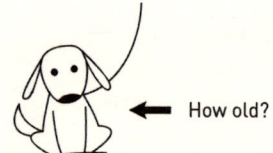

Sentence

너의 개는 몇 살이니?

Sentence

당신은 돈이 얼마나 필요해요?

Chapter 13 부사

I 형용사와 부사

Word
perfect

Sentence
그 네 살짜리 아이는 영어를 완벽하게 구사한다.
The 4-year-old boy speaks English _____.

Word
surprise

Sentence
그 시험은 놀라울 정도로 쉬웠다.
The examination was _____ easy.

Word
near

Sentence
나는 거의 차에 치일 뻔 했다.
_____ by the car.

Word
hard

Sentence
나는 그 파티에서 그의 말을 거의 들을 수 없었다.
I could hear him in the party.

Word
hard

Sentence
Ann은 열심히 일한다.
Ann

Word
careful

Sentence
Tom은 그 물병을 조심스럽게 옮기고 있다.

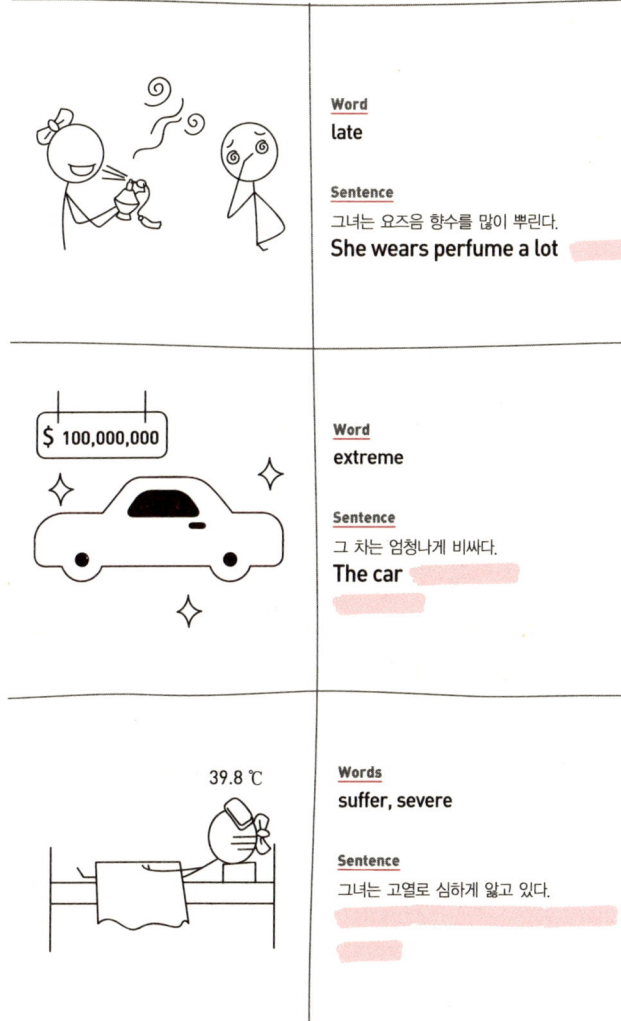

Word
late

Sentence
그녀는 요즈음 향수를 많이 뿌린다.
She wears perfume a lot

Word
extreme

Sentence
그 차는 엄청나게 비싸다.
The car

Words
suffer, severe

Sentence
그녀는 고열로 심하게 앓고 있다.

Word
fast

Sentence
나는 빠르게 그녀에게 달려갔다.
I

Words
slight, complete

Sentence
그 사고에서 버스는 조금 손상되었지만 자동차는 완전히 망가졌다.

A bus was   damaged but a car was   destroyed in the accident.

Words
grow, rapid

Sentence
나는 작년에 그녀를 본 후로 그녀가 급격하게 키가 자란 것을 보고 놀랐다.

I was surprised   since I saw her last year.

2 부사의 어순

Words
in bed, every night

Sentence
나는 침대에서 매일 밤 아들에게 책을 읽어준다.
I read a book to my son

Word
always

Sentence
그는 회의에 항상 늦는다.
He

Words
yesterday, home, early

Sentence
나는 어제 집에 일찍 들어왔다.
I came

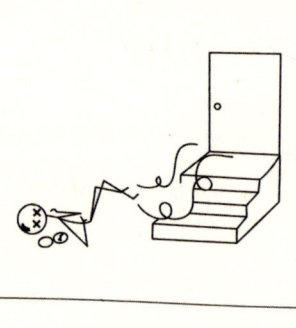

Words

fall down, unfortunately, badly

Sentence

불행하게도 나는 계단에서 넘어져서 정말 많이 아팠다.

▭▭▭▭▭▭ the steps and ▭▭▭▭▭

Word

usually

Sentence

회사에 갈 때 대개 뭘 입나요?

What ▭▭▭▭▭▭▭▭▭

Word

together

Sentence

월요일에 우리는 함께 만나기로 했다.

▭▭▭▭▭▭▭▭▭▭▭▭▭

3 already, yet, still

Word
call

Sentence
그는 아직 나에게 전화하지 않았다.

Word
come

Sentence
엄마가 벌써 왔어요?

Word
in bed

Sentence
열 시인데 그는 아직도 침대에 있다.
It's 10 o'clock and

Word
loud

Sentence

그들이 그에게 조용히 해달라고 부탁한 뒤에도 그는 여전히 시끄러웠다.

 even after they asked him to be quiet.

Word
start

Sentence

내가 그녀에게 왔을 때 그녀는 이미 공부를 시작했었다.

She studying when I came to her.

Word
read

Sentence

그는 한 시간 전부터 그 책을 읽기 시작했다. 그는 아직도 읽고 있는 중이다.

He started reading the book an hour ago.

4 enough, too

Sentence

나는 너무 아파서 침대에서 나올 수가 없다.
I am

Sentence

거기에는 너무 많은 사람들이 있는데 의자가 충분하지 않다.
There are and
not

Sentence

내 생각에 그 가방이 이 책이 들어갈 만큼 충분히 큰 것 같아요.
I think
for this book.

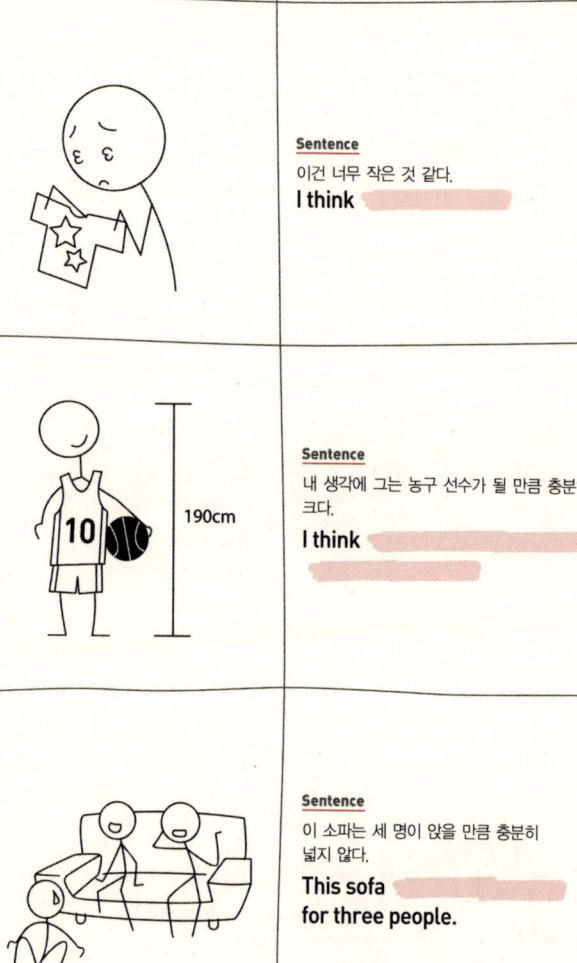

Sentence

이건 너무 작은 것 같다.
I think

Sentence

내 생각에 그는 농구 선수가 될 만큼 충분히 크다.
I think

Sentence

이 소파는 세 명이 앉을 만큼 충분히 넓지 않다.
This sofa **for three people.**

5 so, such, very, much

Sentence
This wine compared to others.
이 와인은 다른 와인과 비교해서 맛이 굉장히 다르다.

Sentence
그는 예전보다 훨씬 좋아 보인다.
He looks

Sentence
나는 정말 오랫동안 공부를 하고 있다.
I have been studying for a

Sentence

그녀는 아주 아름다워서 나는 그녀에게서 눈을 떼지 못했다.

She was that I couldn't take my eyes off her.

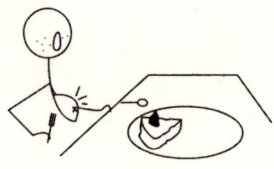

Sentence

나는 케이크를 너무 많이 먹었다.

I ate

Sentence

그의 강의는 이해하기에 정말 쉬웠다.

His lecture was

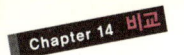

1 원급 비교

MP3 1-6

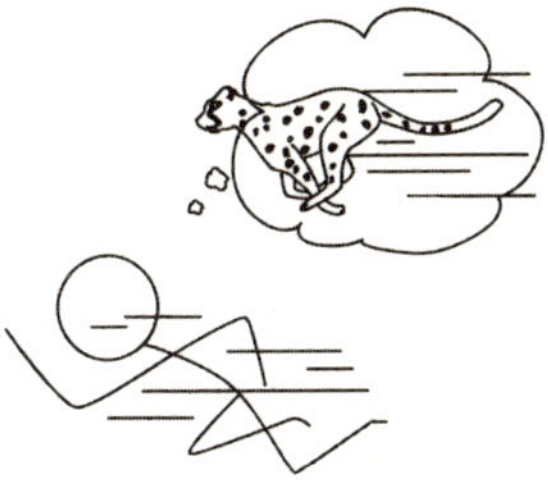

Word

fast

Sentence

나는 치타처럼 빨리 뛰었다.

I ran
a cheetah.

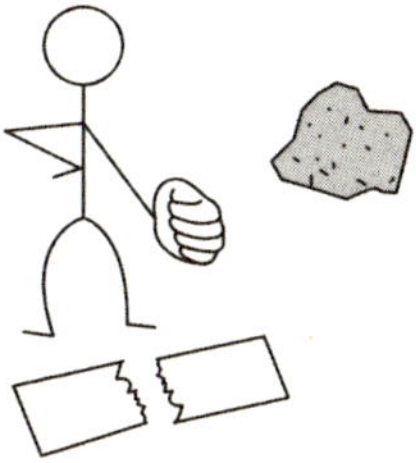

Word

hard

Sentence

그의 손은 돌처럼 단단하다.

His hands are
a stone.

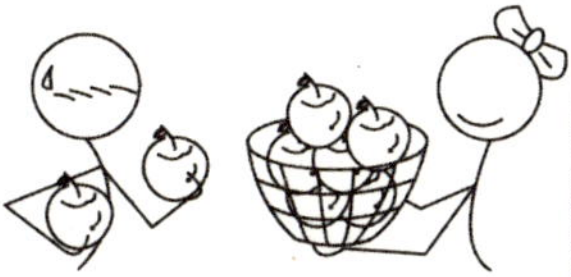

Word

many

Sentence

그녀는 사과를 내가 가진 것의 세 배만큼 가지고 있다.

She has three times
I have.

Word
hard

Sentence
넌 그녀만큼 열심히 공부해야 돼.
You have to study _____ she does.

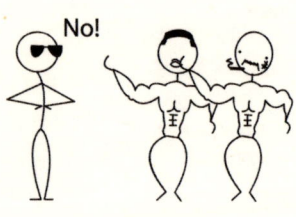

Word
brave

Sentence
그는 이 세상의 어느 남자보다 용감하다.
He is _____ any man in the world.

Word
delicious

Sentence
나는 이 케이크만큼 맛있는 건 없다고 생각해.
I think there's nothing _____ this cake.

2 비교급

Word
loudly

Sentence
그녀는 나보다 더 시끄럽게 노래를 부른다.
She sings
I do.

Word
interesting

Sentence
나는 이 책이 너의 것보다 더 재미있다고 생각해.
I think this book is

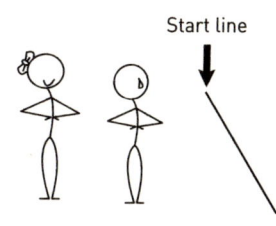

Start line

Word
far

Sentence
그녀는 나보다 더 멀리 뛰었다.
She jumped

Word

mild

Sentence

한국의 기후는 캐나다의 기후보다 온화하다.

The climate of Korea is   Canada.

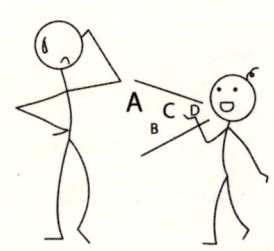

Word

fluently

Sentence

나는 나의 형보다 더 유창하게 영어를 할 수 있다.

I can speak English   my brother.

Word

tall

Sentence

Tom은 그의 반의 누구보다 더 키가 크다.

Tom

3 최상급

Word
precious

Sentence
내 일기장은 내 인생에서 가장 소중한 것이다.

Word
long

Sentence
나는 반에서 가장 긴 머리를 가지고 있다.
I have

Word
great

Sentence
그는 세상에서 가장 위대한 과학자 중의 한 사람이다.

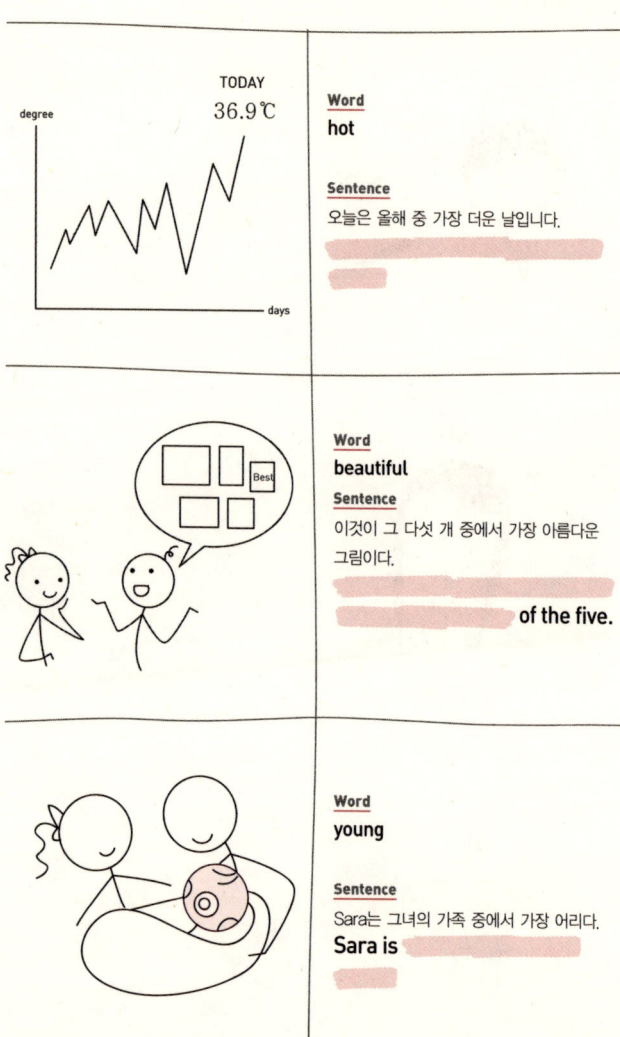

Word

hot

Sentence

오늘은 올해 중 가장 더운 날입니다.

Word

beautiful

Sentence

이것이 그 다섯 개 중에서 가장 아름다운 그림이다.

of the five.

Word

young

Sentence

Sara는 그녀의 가족 중에서 가장 어리다.

Sara is

4 비교급 and 비교급

Words
little, weak

Sentence
Sara는 음식을 점점 더 적게 먹더니 점점 더 허약해졌다.
Sara ate _____ and became _____

Word
cold

Sentence
어두워진 후에 점점 더 추워지기 시작했다.
After dark _____

Word
sleepy

Sentence
이 책을 읽는 것은 시간이 갈수록 나를 점점 더 졸리게 만들었다.
Reading this book _____ as time goes on.

Word
high

Sentence
나는 비행기가 점점 더 높이 오르는 것을 보았다.

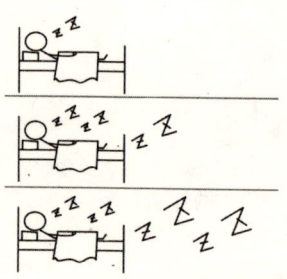

Word
loud

Sentence
그는 점점 더 크게 코를 골고 있었다
His snoring was getting

2007　　2008　　2009

Word
big

Sentence
내가 매년 그녀를 볼 때마다, 그녀는 점점 더 몸이 커져가고 있다고 생각한다.
When I see her every year, I think

5 the 비교급 ~ the 비교급

Word
warm, good

Sentence
물이 따뜻해질수록,
나는 기분이 더 좋아진다.

Word
little, fast

Sentence
네가 가방 안에 적게 가지고 다닐수록,
너는 더 빨리 걸을 수 있다.

Words
high, cold

Sentence
우리가 높이 오르면 오를수록 더 추워진다.

Words
more, strong

Sentence
너는 근육을 쓰면 쓸수록, 그것들은 점점 더 강해진다.

Word
more

Sentence
그를 잊으려고 노력할수록, 그가 더욱 보고 싶어진다.

Word
more, big

Sentence
그가 답을 채점할수록 그의 미소가 커져간다.

6 비교급 수식

Word
tall

Sentence
그는 나보다 조금 더 크다.
He is

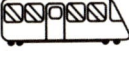

Word
cheap

Sentence
기차로 가는 것이 버스로 가는 것보다 훨씬 싸다.
It's

Word
old

Sentence
그는 나보다 훨씬 나이가 많다.
He is

Word
fast

Sentence
Bill은 그의 형보다 훨씬 더 빨리 달린다.
Bill runs

Word
more/long

Sentence
나는 더 이상 컴퓨터 게임을 하지 않는다.

Word
bad

Sentence
나의 아들의 시험 결과가 내가 생각한 것보다 훨씬 좋지 않았다.
My son's exam result was

Chapter 15 전치사

I 장소, 시간에 알맞은 전치사 찾기

Sentence

박스 안에 무엇인가 있다.
There's something

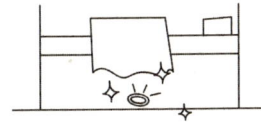

Sentence

나는 침대 밑에서 반지를 찾았다.
I found my ring

Sentence

아버지께서 내 생일에 새 자전거를 주셨다.
My father gave me a new bike

Sentence

그는 수업 시간 동안 계속 자기만 했다.

He kept sleeping

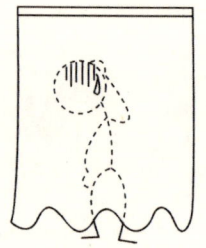

Sentence

그는 커튼 뒤에 숨었다.

He sneaked

Sentence

나는 저녁 먹기 전에 손을 씻었다.

I washed my hands

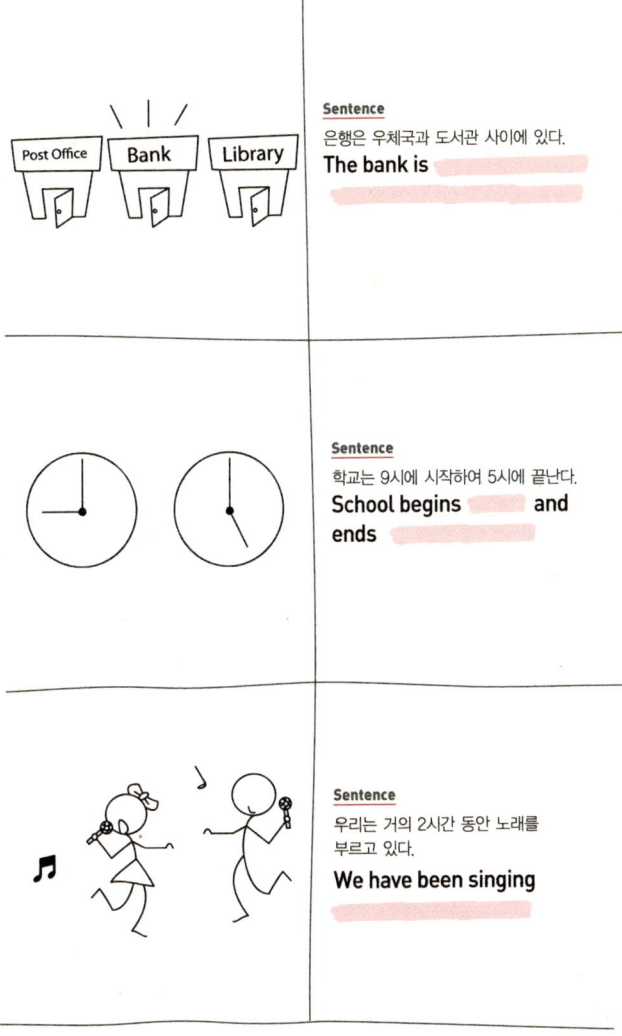

Sentence

은행은 우체국과 도서관 사이에 있다.

The bank is

Sentence

학교는 9시에 시작하여 5시에 끝난다.

School begins and
ends

Sentence

우리는 거의 2시간 동안 노래를 부르고 있다.

We have been singing

Sentence

나는 버스 정류장에서 버스를 기다리고 있다.
I am waiting for a bus

Sentence

나는 그 일을 9시까지 끝내야 했다.
나는 그것을 8시에 끝냈다.
I had to finish the job
but I finished it

Sentence

그는 문 밖에 서 있다.
He's standing

2 관용표현(1) 전치사+명사

Sentence
신용 카드로 결제해도 되나요?
Can I pay for this

Sentence
벼룩시장에서 중고 자전거를 팔고 있는 것을 보았다.
I saw a used bicycle

Sentence
사무실을 방문해서 직접 이력서를 제출해 주세요.
Please visit the office and turn in the resume

Sentence

그는 사업차 미국에 갔다.
He went to America

Sentence

우리는 버스 정류장에서 줄을 서야 한다.
We should get

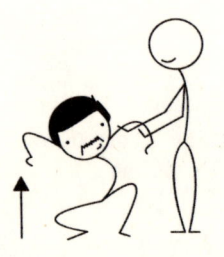

Sentence

그는 쉽게 그의 아버지를 들어 올릴 수 있다.
He can lift his father

3 관용표현(2) 동사+(목적어)+전치사

MP3 19-30

Word
account

Sentence
그는 경찰관에게 그 사고에 대해 설명하고 있다.
He _____ the accident to the police officer.

Word
deal

Sentence
그는 회사에서 회계를 담당한다.
He _____ accountancy in the company.

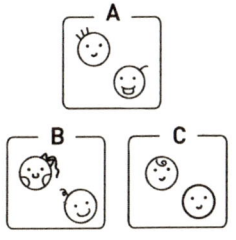

Word
divide

Sentence
나는 나의 학생들을 세 조로 나누었다.
I _____

Word

remind

Sentence

그 사진이 나에게 그를 기억하게 했다.
The picture

Word

prevent/stop/keep

Sentence

나는 아기가 난로를 만지지 못하게 막았다.

the stove.

Word

apologize

Sentence

제가 버릇없이 군 것을 사과하고 싶어요.
I want to
being rude.

Word
compare

Sentence
그와 나를 비교하자면, 나는 그보다 노래를 더 잘 부른다.
To
I'm better at singing than him.

Word
blame

Sentence
모든 사람들이 그 사고를 나의 탓으로 돌린다.
Everybody

Everybody

Word
ask

Sentence
나는 그 컴퓨터에 대한 더 많은 정보를 점원에게 부탁했다.
I
more information about the computer.

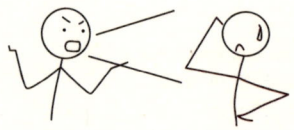

Word

accuse

Sentence

그는 내가 이기적인 것에 대해 비난했다.
He

Word

depend/rely

Sentence

나는 나의 아내에게 완전히 의지한다.
나는 나의 아내를 완전히 신뢰한다.

I fully
I fully

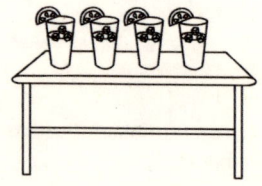

Word

provide

Sentence

그들은 모든 손님들에게 무료 음료를 제공하였다.

They   all guests

4 관용표현(3) 구전치사와 구동사(phrasal verb)

Sentence

Tom이 아팠기 때문에 그의 어머니가 Tom을 대신해서 상을 받았다.

Because Tom was sick, his mother took an award   Tom.

Sentence

그녀는 유령을 보고 너무 놀라서 황급히 도망쳤다.

She was so   that   it fast.

Sentence

비행기가 이륙할 때마다 나는 매우 불안해진다.

Every time   I get so nervous.

Sentence

우리는 그 개울을 통나무를 이용해 건넜다.
We crossed the stream

Sentence

넌 너무 빨리 걷고 있어.
내가 널 따라 잡을 수가 없어.
**You're walking too fast.
I can't**

Sentence

아기가 잠들었어. 그녀를 깨우지 마.
**The baby is asleep.
Don't**

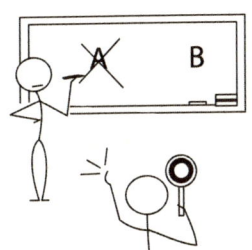

Sentence

그는 그 계획에 찬성하여 의견을 발표하기 위해 그의 손을 들었다.

He raised his hand to express his opinion

Sentence

그는 회의에 앞서 그의 서류를 점검하고 있었다.

He was checking his documents

Sentence

이 책은 문학의 학습 측면에서 아무런 도움이 되지 않는다.

This book gives nothing

Sentence

그는 담배 피우는 것을 줄이려고 노력하고 있다.

He is trying to

Sentence

조심해! 네 앞에 커다란 구멍이 있어.

There's a big hole

Sentence

아무도 텔레비전을 안 보고 있으니까 너는 그걸 꺼도 돼.

No one is watching TV, so you can

5 명사/형용사+전치사

Word
familiar

Sentence
그는 가전제품을 고치는 것에 익숙하다.
He   home appliances.

Word
suitable

Sentence
그 파티에는 어떤 드레스가 어울릴까요?
What dress will

Word
crowded

Sentence
그 공원은 관광객들로 가득 차 있었다.
The park

Word

reason

Sentence

네가 늦은 이유에 대해 말해 봐.

Tell me _____ your lateness.

Word

capable

Sentence

나는 내가 그 시험을 통과할 수 있을 것이라고 확신한다.

I'm sure I am _____ _____ the exam.

Word

cause

Sentence

그 화재의 원인은 촛불 때문인 것으로 밝혀졌다.

It turned out that the _____ _____ was a candle.

Word

jealous

Sentence

그녀는 늘 나를 시기한다.

She ▬▬▬▬▬ me.

Word

close

Sentence

그 교회는 우리 집과 가깝다.

The church is ▬▬▬▬▬

Word

aware

Sentence

당신은 흡연의 위험성에 대해서 알고 있습니까?

Are you ▬▬▬▬▬

Words
fed up, bored

Sentence
나는 내 일이 지겨워졌다.
I get
I get

Word
damage

Sentence
그 사고로 인해 내 자동차가 조금 망가졌다.
The accident caused

Word
problem

Sentence
나는 내 컴퓨터의 문제를 해결하려고 수리공을 불렀다.
I called the repair man to solve

Unit **6**

Exercise

명사절과
형용사절

Chapter 16 명사절

I 명사절을 이끄는 접속사 that

Word

a successful artist

Sentence

나는 그녀가 성공한 예술가가 될 거라고 예상치 못했다.

Word

win

Sentence

그가 선거에 당선될 것이라는 것이 매우 확실하다.

It is quite certain

Word

problem

Sentence

문제는 우리가 돈이 없다는 것이다.

Word

come back

Sentence

나는 그가 나에게 돌아올 것이라고 확신해.

Word

win

Sentence

그가 퀴즈 쇼에서 1등을 했다는 사실은 모두에게 알려졌다.

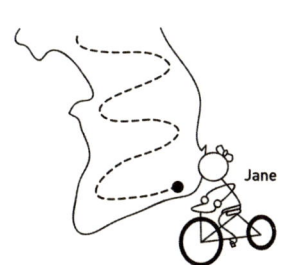

Word

travel

Sentence

당신은 제인이 자전거로 그 나라를 여행했다는 걸 알고 있나요?

2 명사절을 이끄는 접속사 whether/if

Word
meet

Sentence
그녀가 크리스마스에 나를 만나길 원하는지 모르겠다.

Word
get a raise

Sentence
내가 급여 인상을 받을 수 있을지 없을지는 이 보고서에 달려있다.

Word
need to

Sentence
나는 그녀가 파티에 오는지 안 오는지 알아야 한다.

Word
like

Sentence
나는 내가 그에게 준 생일 선물이 마음에 드는지 들지 않는지 물어보았다.

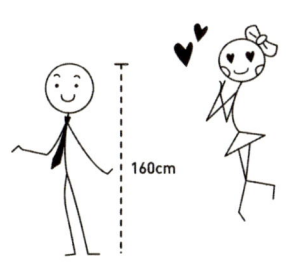

Word
matter

Sentence
그가 키가 작든 그렇지 않든 나에겐 문제가 되지 않는다.

Word
make a reservation

Sentence
나는 그가 우리의 결혼 기념일에 식당에다가 저녁 예약을 했는지 모르겠다.

3 의문사/관계사가 이끄는 명사절

Word
hide

Sentence
난 엄마가 어디에 크리스마스 선물을 숨겼는지 알고 있다.

Word
proposal

Sentence
나는 그의 청혼에 뭐라고 대답해야 할지 모르겠다.
I don't know

Word
interested

Sentence
우리는 올해의 우승자가 누가 될 것인지 관심이 많다.

Word

tell

Sentence

상자 안에 무엇이 있는지 너에게 말해줄 수 없어.

Word

break in

Sentence

자, Glen 부인의 저택에 언제 침입했는지 말해봐.

Now,

Word

angry

Sentence

나는 아직도 그녀가 나에게 화가 났는지 모르겠다.

Chapter 17 화법

I 사람, 장소, 시간의 변화와 시제의 일치

Sentence
I told them, "I really want to work here from tomorrow."

나는 그들에게 내가 그 다음날부터 그곳에서 일하기를 정말로 원한다고 말했다.

Sentence
My mom said to me, "I will teach you how to swim tomorrow."

엄마가 나에게 내일 수영하는 법을 가르쳐 주겠다고 말했다.

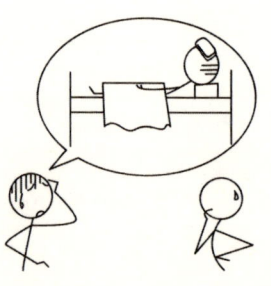

Sentence
Tom said, "I'm feeling ill."

Tom은 아픈 것 같다고 말했다.

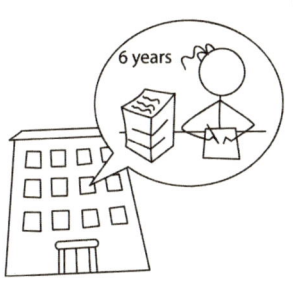

Sentence

She said, "I have worked here for six years."

그녀는 거기서 6년 동안 일했다고 말했다.

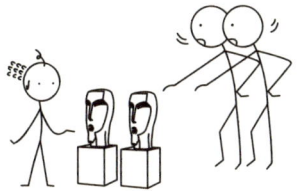

Sentence

They said to him, "You are not supposed to touch these sculptures here."

그들은 그에게 그가 그곳의 조각들을 만져서는 안 된다고 말했다.

Sentence

My mom said to me, "You have to hurry up now not to be late for school."

엄마는 나에게 학교에 늦지 않으려면 서둘러야 한다고 말했다.

Sentence

She said, "I don't want to go to school."

그녀는 학교에 가고 싶지 않다고 말했다.

Sentence

He said, "The sun set, and the stars are out."

그는 해가 지면 별이 보인다고 말했다.

Sentence

He said to me, "I received this letter yesterday."

그는 나에게 그 편지를 그 전날 받았다고 말했다.

Sentence
Sara said to me, "I can't come to the party on Friday."

Sara는 금요일에 파티에 갈 수 없다고 나에게 말했다.

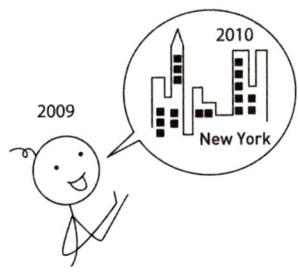

Sentence
Tom said, "I want to go to New York next year"

Tom은 내년에 뉴욕에 가고 싶다고 말했다. (아직 내년이 되지 않았다.)

Sentence
He told me, "I want to give Sara this ring tomorrow."

그는 Sara에게 그 반지를 내일 주고 싶다고 나에게 말했다. (아직 내일이 되지 않았다.)

2 의문문의 간접화법

Sentence
He asked me, "Do you work here?"

그는 내가 거기에서 일하냐고 물어보았다.

➡

Sentence
My mom asked me, "Why did you come home early?"

엄마는 나에게 왜 내가 집에 일찍 왔는지 물어보았다.

➡

Sentence
She asked me, "Will you attend the seminar?"

그녀는 나에게 그 세미나에 참석할 것인지를 물어보았다.

➡

Sentence

I said to him, "What's the date today?"

나는 그에게 그 날이 며칠인지 물어보았다.

➜

Sentence

He asked me, "Have you ever been to London?"

그는 내가 런던에 가 본 적이 있었는지 물어보았다.

➜

Sentence

A tourist said to us, "Will you tell me the way to the station?"

한 관광객이 우리에게 역으로 가는 길을 가르쳐 달라고 물어보았다.

➜

3 명령문의 간접화법

Sentence

The teacher said to me, "Read the sentence more loudly."

선생님이 나에게 그 문장을 더욱 큰소리로 읽으라고 말했다.

Sentence

She said to me, "Please get me some juice."

그녀는 나에게 주스 좀 가져다 달라고 부탁했다.

Sentence

He said to me, "You had better work harder."

그는 내가 일을 더 열심히 하는 것이 좋겠다고 충고했다.

Sentence

She said to me, "Call me tomorrow."

그녀는 나에게 다음날 자기에게 전화하라고 말했다.

Sentence

She told me, "Don't laugh at me."

그녀는 나에게 자기를 비웃지 말라고 말했다.

Sentence

Mom told me, "Be careful when you cross the street."

엄마는 나에게 길을 건널 때 조심하라고 말했다.

Chapter 18 형용사절

1 주격 관계대명사와 목적격 관계대명사

Word
borrow

Sentence
쟤가 내 책을 빌려간 학생이야.
That's the student

Word
check

Sentence
나는 내 보고서를 꼼꼼하게 점검해 주는 관리자가 좋다.
I like the manager

Word
respect

Sentence
제가 가장 존경하는 사람은 링컨입니다.
The person

Word

due

Sentence

교수님이 내준 과제는 다음 주 금요일까지 제출해야 한다.

The assignments

Word

see

Sentence

내가 진료받는 의사는 키가 크고 친절하다.

The doctor

Word

buy

Sentence

이것은 내가 어제 샀던 책이다.

This is the book

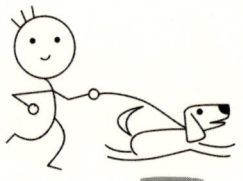

Word

run

Sentence

저기 뛰고 있는 아이와 그의 개를 봐.

Look at the boy and his dog

Word

money

Sentence

이게 내가 가진 돈 전부이다.

This is

Word

work

Sentence

정원에서 일을 하고 있는 사람은 나의 삼촌이다.

The man

Word
stand

Sentence
버스 정류장에 농구공을 들고 서 있는 소년을 알고 있나요?
Do you know the boy

Word
locate

Sentence
우리는 해안가에 위치한 공원에 갔다.
We went to a park

Words
ever, speak

Sentence
그녀는 내가 지금껏 말을 걸어 본 유일한 여자이다.
She is

2 소유격 관계대명사

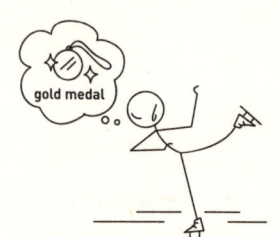

Word
goal

Sentence
그는 동계 올림픽에서 금메달 따는 것을 목표로 삼고 있는 스케이트 선수다.
He is a skater

Word
steal

Sentence
차를 도난 당한 남자는 그 일을 경찰에 신고할 것이다.
The man will report it to the police.

Word
cover

Sentence
나는 표지가 검정색인 책을 가지고 있다.
I have a book

Words

job, cure

Sentence

의사들은 질병을 치료하고 생명을 구하는 사람들이다.

Doctors are people

Word

perm

Sentence

나는 머리카락에 곱슬곱슬하게 파마를 한 여자를 만났다.

I met a woman

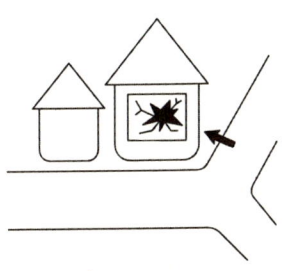

Word

break

Sentence

창문이 모두 부서진 건물은 모퉁이에 있다.

Around the corner, there is a building

3 전치사+관계대명사

🎧 19-24

Sentence
제가 기다리는 버스가 늦네요.
**The bus
for is late.**

Sentence
이것이 그가 살고 있는 집이다.

Sentence
당신이 앉아 있는 그 의자는 부서진 것입니다.

Sentence

이 기사가 당신이 흥미로워 하는 기사입니까?

Is this article in

Sentence

저 사람이 내가 찾던 그 남자야.

That is the man **for.**

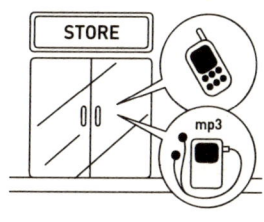

Sentence

휴대폰을 구입했던 상점에서 MP3도 팔아요.

The store from **also sells MP3s.**

4 what: 선행사를 포함한 관계대명사

Word
discover

Sentence
우리는 당신이 실험에서 발견할 것을 보고 놀랐습니다.
We are surprised at

Word
talk

Sentence
난 당신이 말하는 것을 이해할 수 없어요.
I can't understand

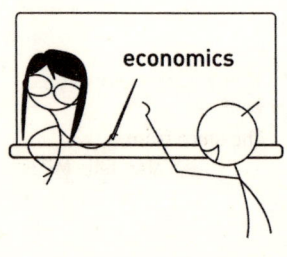

Word
eager

Sentence
이 강의는 내가 배우기를 열망해 오던 것이야.
This lecture is about

Word

common sense

Sentence

그는 소위 말하는 상식이라는 것이 없다.
He lacks

Word

happen

Sentence

너는 어제 나에게 일어난 일을 믿지 못할 거야.
You're not going to believe

Word

find

Sentence

그녀는 길에서 주운 것을 경찰에게 가져갔다.
She brought

5 제한적 용법과 계속적 용법

Sentence

내가 읽고 있는 Harry Potter라는 책은 정말 재미있다.

Harry Potter, ▅▅▅▅▅ ▅▅▅▅▅ is very interesting.

Sentence

우리는 Sanko 호수에 갔는데, 그 호수는 산 근처에 위치해 있다.

We went to Lake Sanko, ▅▅▅▅▅ ▅▅▅▅▅

Sentence

모두들 Tom을 좋아하는데, 그는 친절하고 정직하기 때문이다.

Everybody likes Tom, ▅▅▅▅▅ ▅▅▅▅▅

Sentence
우리는 Jane을 방문했는데, 그녀는 항상 우리를 만나면 행복해 한다.

We visited Jane,

Sentence
그는 간호사가 된 아들이 하나 있다.

Sentence
그는 아들이 하나 있는데, 그는 간호사가 되었다.

6 which 앞 문장 전체가 선행사

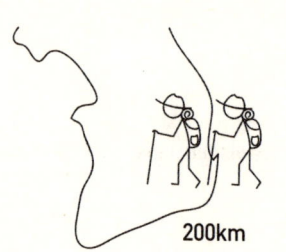

Word
surprise

Sentence
그들은 200킬로미터를 걸었는데, 이는 놀라운 일이다.
They walked 200km across the country,

Word
good for

Sentence
햇빛이 하루 종일 내리 쬐었는데, 정원에 있는 꽃에게는 좋은 일이다.
The sun shines all day,

Word
move

Sentence
난 지금 돈을 더 많이 버는데, 이것은 내가 더 큰 집으로 이사할 수 있다는 것을 뜻한다.
I earn more money now,

Word

believe

Sentence

그 팀이 모든 경기에서 진 것을 우리는 믿을 수가 없다.

The team has lost all its games,

Word

keep

Sentence

나는 매일 아침 공원 주위를 달리는데, 그것이 나의 건강을 유지시켜준다.

I'm jogging around the park every morning,

Word

annoy

Sentence

Mary는 또 늦게까지 일해야 했는데, 그것이 Jason을 짜증나게 했다.

Mary had to work late again,

7 관계부사

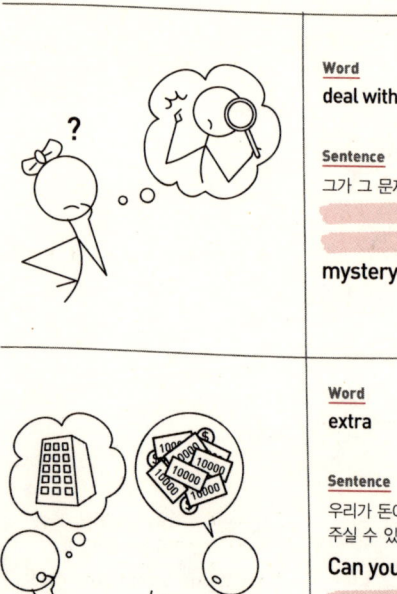

Word
deal with

Sentence
그가 그 문제를 해결했던 방법은 미스터리다.
▒▒▒▒▒▒▒▒▒▒ is a mystery.

Word
extra

Sentence
우리가 돈이 더 필요한 이유를 설명해 주실 수 있나요?
Can you explain ▒▒▒▒▒▒▒▒▒▒

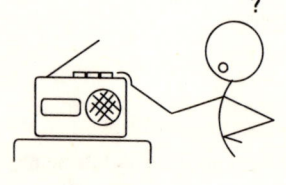

Word
work

Sentence
저는 라디오가 어떻게 작동되는지 알고 싶습니다.
I want to know ▒▒▒▒▒▒

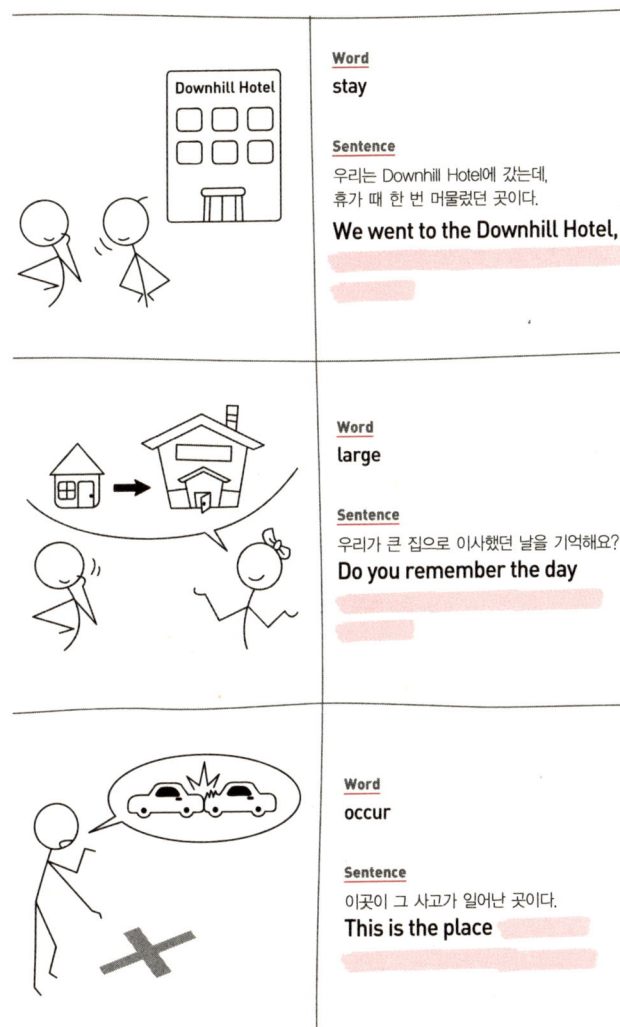

Word
stay

Sentence
우리는 Downhill Hotel에 갔는데, 휴가 때 한 번 머물렀던 곳이다.
We went to the Downhill Hotel,

Word
large

Sentence
우리가 큰 집으로 이사했던 날을 기억해요?
Do you remember the day

Word
occur

Sentence
이곳이 그 사고가 일어난 곳이다.
This is the place

8 형용사절 줄이기

Sentence

The truck has overturned.
It was carrying beer bottles.

맥주병을 운반하던 트럭이 뒤집어졌다.
➡ The truck ▮▮▮▮▮ beer bottles has overturned.
➡ The truck ▮▮▮▮▮ has overturned.

Sentence

Look at the boy.
He is singing loudly.

큰 소리로 노래를 부르는 소년을 보세요.
➡ Look at the boy ▮▮▮▮▮ loudly.
➡ Look at the boy ▮▮▮▮▮

Sentence

Mary는 감사 편지를 쓴 유일한 사람이다.
Mary is the only person ▮▮▮▮▮
➡ Mary is the only person ▮▮▮▮▮

Sentence

이 책은 Sara에 의해 쓰여진 유일한 책이다.

This is the only book

➡ This is the only book

Sentence

이것은 나의 아버지에 의해 그려진 그림이다.

This is a picture

➡ This is a picture

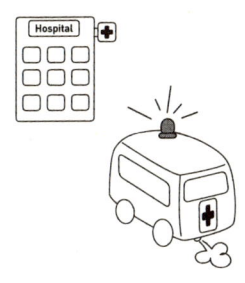

Sentence

The people were taken to the hospital. They were injured in the accident.

그 사고에서 부상당한 사람들은 병원으로 이송되었다.

➡ The people   were taken to the hospital.

➡ The people
were taken to the hospital.

Unit 7

Exercise

등위절과
부사절

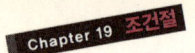

I 가정법 현재와 가정법 과거

Word
get a better score

Sentence
더 열심히 공부하면 더 좋은 성적을 얻을 것이다.

Word
punish

Sentence
만약 네가 그걸 한다면 너는 처벌 받을 것이다.

Word
enough

Sentence
내가 돈이 충분하면 차를 한 대 살텐데.
If I were to

Word

college

Sentence

내가 너라면 대학에 가겠어.

Word

go on a picnic

Sentence

만약 내일 비가 온다면, 우리는 소풍을 가지 않을 것이다.

Word

contact

Sentence

어떤 문의 사항이 있으면 저희 직원에게 연락하세요.

2 가정법 과거완료

Word
have got

Sentence
네가 티켓이 필요하다는 걸 알았다면,
내가 너에게 한 장 주었을 텐데.

Word
senior

Sentence
그가 그때 대학에 갔었더라면
지금 4학년일 텐데.

Word
injure

Sentence
네가 좀 더 주의했더라면
다치지 않았을 텐데.

Word
apologize

Sentence
어제 네가 사과하지 않았더라면 다시는 너와 얘기하지 않았을 거야.

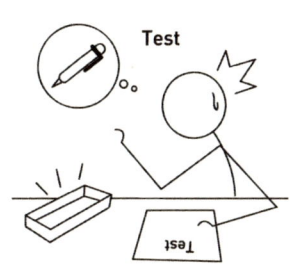

Word
make a mistake

Sentence
너는 그 실수를 하지 않았다면 시험을 통과했을 텐데.

Word
neatly

Sentence
그가 면접에서 좀 더 단정하게 옷을 입고 왔더라면 나는 그를 고용했을 것이다.

3 혼합 시제

Word
follow

Sentence
내가 그의 충고를 따랐더라면 지금 기분이 훨씬 좋을 텐데.

Word
sensible

Sentence
그가 좀 더 분별 있는 사람이라면 같은 실수를 하지 않았을 텐데.

Words
arrange, mess

Sentence
네가 처음에 모든 것을 정돈해 놨더라면 지금 이렇게 엉망이지 않을 텐데.

Word
tidy

Sentence
네가 아침에 방을 청소했더라면 좀 더 깨끗하게 보일 텐데.

Word
alive

Sentence
그 사고에서 그가 나를 도와주지 않았다면 나는 지금 살아있지 않을 것이다.

Word
join

Sentence
내가 해야 할 일이 없으면 나는 너와 함께 파티에 함께 갔을 텐데.

4 I wish 가정법

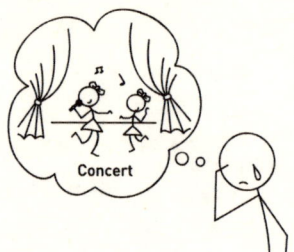

Word
concert

Sentence
내가 그 콘서트에 갔었어야 했는데.
I wish

Word
lose

Sentence
네가 그 카메라를 잃어버리지 않았어야 했는데.
I wish

Yesterday

Word
help

Sentence
나는 어제 당신을 도와주었으면 했어요.

Word

carefully

Sentence

내가 좀 더 조심해서 운전할 걸.

Word

speak

Sentence

내가 영어를 잘하면 좋을 텐데.

Word

be in one's shoes

Sentence

내가 너의 입장이라면 좋을 텐데.

5 as if 가정법

Word
ill

Sentence
그녀는 아팠었던 것처럼 보였다.

Word
treat

Sentence
그들은 내가 그들의 아들인 것처럼 대한다.

Word
ghost

Sentence
그는 마치 정말로 유령을 보았던 것처럼 내게 말했다.

Word
soldier

Sentence
그는 군인인 것처럼 보인다.

Word
talk

Sentence
그는 마치 몇 년 동안 뉴욕에 있었던 것처럼 말한다. 사실은 그는 일주일 밖에 있지 않았다.

In fact, he has been there for only a week.

Word
shelf

Sentence
그는 선반의 모든 책을 읽은 것처럼 말한다.

6 다른 표현들

Word

unless

Sentence

네가 너무 피곤하지 않다면 우리는 외출할 거야.

Word

provided

Sentence

우리가 준비한다면 우리는 그 시합에서 승리할 것이다.

Word

suppose

Sentence

혹시 내일 비가 오면 우리는 어떻게 해야 하지?

Word

if only

Sentence

내가 너보다 나이가 많기만 하다면!

Word

in case

Sentence

교통 체증이 심할지 모르니 당신은 일찍 출발하는 게 좋겠어요.

Word

as long as

Sentence

네가 조심해서 운전한다면 너는 내 차를 빌려가도 좋다.

Word

if it were not for

Sentence

당신의 도움이 없었다면 나는 그 보고서를 끝내지 못했을 거예요.

Word

should

Sentence

그가 다시 전화하면 그에게 내가 외출했다고 말해.

Word

even if

Sentence

비록 그가 밖에서 나에게 사과를 하기 위해 기다리고 있다고 할지라도 나는 그를 만나러 나가지 않을 것이다.

Word
start

Sentence
당신들은 일을 시작할 때입니다.

Word
otherwise

Sentence
그는 열심히 공부를 한다, 그렇지 않으면 시험에 떨어질 지도 모른다.

He studies hard,

Word
assuming

Sentence
내가 정오까지 이 일을 마친다면 나는 너와 점심 식사를 하러 나갈 수 있을 것이다.

Chapter 20 등위절

I and, but, or

Word

comfortable

Sentence

그 바지는 낡았지만 편안하다.

Word

score

Sentence

그는 골대를 향해 달리고 있고 득점을 할 것이다.

Word

go to

Sentence

Tom은 영화를 보러 갔지만, John은 서커스를 보러 갔다.

Word

co-worker

Sentence

당신과 Jane은 동료인가요?

or

Word

take

Sentence

당신은 버스나 지하철을 타면 됩니다.

Word

explosion

Sentence

그는 가스 폭발 소리를 듣고 경찰에 전화했다.

2 등위상관접속사

Word

speak

Sentence

그녀는 영어와 중국어를 구사한다.

Word

neither

Sentence

그는 담배도 피우지 않고 술도 마시지 않는다.

Words

hunting, fishing

Sentence

그녀는 사냥과 낚시 모두를 즐기지 않는다.

Word
high level of education

Sentence
그녀는 그녀의 아름다운 용모뿐만 아니라 높은 학력으로도 알려져 있다.

Word
nurse

Sentence
남자든 여자든 간호사가 될 수 있다.

Word
till

Sentence
우리는 지금 나가거나 끝까지 있어야 한다.
We must

3 for, so

Word
plan

Sentence
그들이 계획을 바꾼 것은 그가 아팠기 때문이다.

Word
answer

Sentence
그들이 전화를 받지 않아서, 나는 그들의 사무실을 방문해야 한다.

Word
answer

Sentence
그들은 전화를 받지 않았는데, 그들은 모두 일하느라 바빴기 때문이다.

Word

keep awake

Sentence

나는 커피를 마시지 않는데, 왜냐하면 그것은 나를 밤에 깨어있게 하기 때문이다.

Word

attract

Sentence

선물 가게는 많은 손님을 끌지 못해서 문을 닫았다.

Word

attract

Sentence

선물 가게가 문을 닫았는데, 손님이 많지 않았기 때문이다.

Chapter 21 부사절

I 시간을 나타내는 접속사와 전치사

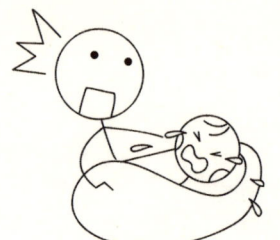

Word
touch

Sentence
내가 만졌을 때 아기가 울기 시작했다.
The baby started to cry

Word
seem

Sentence
네가 그에게 전화를 하고 나서 그는 행복해 보였어.

Word
until

Sentence
나는 부모님이 오실 때까지 비디오 게임을 할 수 있다.

Word
until

Sentence
너는 밤 9시까지 컴퓨터 게임을 할 수 있어.

Word
noisy

Sentence
학생들은 기차에 타고 있는 동안 시끄러웠다.

Word
quiet

Sentence
학생들은 시험 중에 조용히 해야 한다.

2 원인과 결과를 나타내는 접속사와 전치사, 접속부사

7-18

Word
because

Sentence
Bill은 피곤해서 더 이상 일할 수 없었다.
Bill couldn't work any longer

Word
owe to

Sentence
그 사고는 부주의한 운전 때문에 발생했다.

Word
fail

Sentence
그는 열심히 공부하지 않았다.
그래서 그는 시험에 떨어졌다.
He didn't study hard.

Word

traffic jam

Sentence

우리는 교통 체증 때문에 10분 늦었다.

Word

as a result

Sentence

그는 2개 언어를 구사할 수 있다.
그래서 쉽게 직장을 구했다.

He is bilingual.

Word

solve

Sentence

그가 조언을 굉장히 잘해 줘서 문제를 해결할 수 있었어요.

He gave good advice

Word
take

Sentence
그는 일찍 일어나서 첫 기차를 탈 수 있었다.

Word
dark

Sentence
너무 어두워서 나는 내 앞의 손도 볼 수 없다.

Word
consequently

Sentence
나는 기말시험을 치르지 못해서 그 과목에서 낙제했다.

Word
understand

Sentence
그녀가 너무 빨리 말해서 나는 알아들을 수 없었다.
She spoke so fast

Word
due to

Sentence
비가 오는 날씨 탓에 경기가 취소되었다.
The game

Word
since

Sentence
여기는 너무 시끄러우니, 밖으로 나갑시다.

let's go outside.

3 목적을 나타내는 부사절, 부사구, 전치사

MP3 19-24

Word
for

Sentence
나는 빵을 사러 상점에 갔다.
I went to the store

Word
make money

Sentence
대부분의 사람들은 돈을 벌기 위해 일한다.
Most people

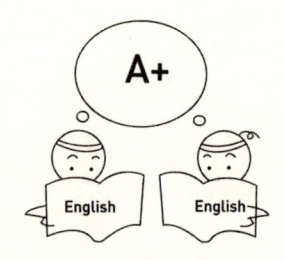

Word
in order

Sentence
우리는 영어 실력을 향상시키기 위해 열심히 공부하고 있다.

Word
so that

Sentence
나는 그녀의 생일 날 도착할 수 있도록 오늘 선물을 보냈다.

I sent the gift today

Word
in order

Sentence
나는 그들에게 나의 차를 사용할 수 있도록 열쇠를 주었다.

I gave them the key

Word
make an appointment

Sentence
그는 그가 나를 그의 부모님에게 소개할 수 있도록 약속을 정했다.

4 양보와 대조를 나타내는 접속사와 전치사, 접속부사

Word
put on

Sentence
구름이 끼었다. 하지만 나는 선글라스를 썼다.
It was cloudy.

Word
crowd

Sentence
비록 그 식당에는 사람이 많았지만, 우리는 테이블을 잡았다.

we found a table.

Word
injury

Sentence
그는 부상에도 불구하고 축구를 했다.

Word
nonetheless

Sentence
손을 씻었는데도 여전히 더러워 보였다.
I washed my hands;

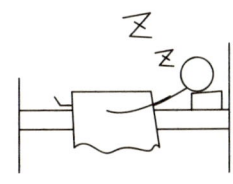

Word
even though

Sentence
나는 피곤하지 않은데도 일찍 잠자리에 들었다.

I went to bed early.

Word
bright

Sentence
가장 똑똑한 학생도 실수를 하기 마련이다.

Word

however

Sentence

내가 아무리 배가 고프더라도 나는 피자 하나를 절대 다 먹을 수 없을 것 같다.

 I never seem to be able to finish off a whole pizza.

Word

though

Sentence

그는 몇 년간 런던에 살았지만 그는 여전히 영어를 잘 못한다.

Words

vacation, budget

Sentence

부족한 경비에도 불구하고 그들은 휴가를 떠났다.

Word

whereas

Sentence

그의 아내는 30살 정도로 보이는 반면에 그는 60살 정도로 보인다.

He seems to be about sixty,

Word

unlike

Sentence

나의 언니와는 달리 나는 피아노 치는 것을 싫어한다.

Word

even if

Sentence

너는 2달러라도 매일 조금의 돈을 저금하는 편이 좋단다.

Exercise
Answer Key

Possible Answers

Unit 1

Chapter 1

p 142-143
1 keeps
2 is making
3 starts

4 woke, was
5 were looking
6 was drawing, was standing

p 144-145
7 left
8 have broken
9 have met, came

10 had been, apologized
11 bought, had lost
12 got, found, had broken

p 146-147
13 will ring
14 will be watching
15 will be sleeping, come

16 will be/is going to be
17 will have been married
18 finish, will have been, will call

Chapter 2

p 148-149
1 Was she beautiful?
2 Is he reading a magazine now?
3 Are you going to go out tonight?

4 Yes, there is.
5 No, she isn't.
6 No, I am not.

p 150-151
7 Does she look happy?
8 Do they know that you broke the window?
9 Did he write a letter to his mom?

10 Yes, she does.
11 No, I didn't.
12 No, I don't know.

p 152-153
13 Can you speak French?
14 Will he call me tonight?
15 Have you read this book before?

16 Yes, you may.
17 No, he hasn't yet.
18 Yes, please.

p 154-155
19 Where does he work at?
20 How long have you been waiting?
21 What time will he leave?
 /What time is he going to leave?

22 Why did you wake up so late?
23 What's wrong with her?
 /What happened to her?
24 How far is it from here to the post office?

p 156-157
25 Don't you want to go to the party?
26 Sara will be here soon, won't she?
27 He doesn't like dogs, does he?

28 Will you ask him if he ate my cake?

29 Can you tell me how I can get to the station?
30 Would you like the window or the aisle seat?

Unit 2
Chapter 3
p 160-161
1 can play
2 can/may use
3 can/may not watch

4 will be able to walk
5 can/may stay
6 Can you speak

p 162-163
7 may/might be able to be free
8 must be
9 don't have to come

10 can't be true.
11 will have to finish the work
12 must be able to manufacture new products

p 164-165
13 should wear
14 ought to/should invite
15 had better not enter

16 ought to/should take
17 Why don't we have
18 Why don't you take

p 166-167
19 Could/Would you open

20 Can/Shall I get
21 Could/Can I see

22 Would you like to join
23 Shall we go out
24 used to have

p 168-169
25 had to run
26 wasn't able to go
27 would be late.

28 didn't have to ask
29 had to walk
30 could have called

p 170-171
31 must have had
32 would have given
33 should have slept

34 should have invited
35 should not have said
36 would have had

Unit 3
Chapter 4
p 174-175
1 A good idea occurred to me.
2 The plane has arrived.
3 I was given a rose.

4 The meeting will take place at the hotel.
5 We used to live in this house.
6 She remains unmarried.

p 176-177
7 The window was broken by Tom.
8 My baby is taken good care of by her.
9 I will send these flowers to her.
10 My dad taught me how to ride a bicycle.
11 A ring was given to her by me.
12 They offered me the job but I refused it.

p 178-179
13 I was told what to do by her.
14 Someone asked me the way to the subway station.
15 (1)Math will be taught to us by Mary. (2)We will be taught Math by Mary.

16 He asked me to go out.
17 I saw her enter the room.
18 She made her baby cry.

p 180-181
19 It is said that
20 are required to
21 are not allowed to

22 was advised to
23 concerned about
24 were disappointed with

p 182-183
25 am surprised at
26 is known as
27 am pleased with

28 is covered with

29 am involved in
30 is based on

Unit 4
Chapter 5
p 186-187
1 To make cookies
2 To make a speech in English
3 To call abroad

4 to be very sick.
5 to read a lot of books
6 to take me to Disney Land.

p 188-189
7 to see you
8 to be reading
9 to keep a pet?

10 him sing.
11 me to sneeze.
12 my mom (to) wash the dishes.

p 190-191
13 important to check traffic signs
14 necessary for her to go there.
15 stupid to sit on my glasses.

16 is willing to help him
17 was reluctant to speak
18 too late to take the train.

p 192-193
19 a lot of work to do
20 an opportunity to go
21 three children to take care of.

22 a lot of delicious food to serve
23 made an effort to break
24 my attempt to sneak out

p 194-195
25 how to make cookies.
26 when to go to school.
27 which way to go.

28 what to do first.
29 where to have dinner.
30 to learn how to deal with

p 196
31 (so as) to be in time to get the last bus.
32 To get there fast,
33 (so as) to get her better.

Chapter 6
p 197
1 Meeting my girlfriend
2 Watering flowers in the garden
3 Staying up late

p 198-199
4 changing his job.
5 reading the book
6 smoking

7 playing
8 opening
9 playing

p 200-201
10 you waiting
11 you making a noise

12 Tom wearing
13 him from snoring.
14 me turning on
15 the machine running.

p 202-203
16 of taking
17 at learning
18 without finishing

19 in collecting
20 for changing
21 with studying.

p 204-205
22 answering
23 look forward to getting your letter.
24 am used to using chopsticks.

25 kept , from arriving
26 go shopping
27 am thinking of buying a new car.

p 206-207
28 spent , watching television.
29 feel like going out
30 couldn't help asking

31 insisted on paying
32 congratulated , on passing the exam.
33 I had a hard time getting a new job. /I had difficulty getting a new job. /I had trouble getting a new job.

p 208-209
34 to let

35 not to tell
36 going

37 to change
38 to work/working
39 to call

p 210
40 calling
41 to take
42 to say

Chapter 7
p 211
1 fallen
2 dancing
3 written

p 212-213
4 lost
5 confused
6 overlooking

7 The man dancing on the table
8 is talking to his son.
9 The windows were broken

p 214-215
10 my mom playing the piano.
11 you interested in studying.
12 the mountain covered with snow.

13 Tired of studying,
14 It starting raining so hard,
15 Arriving home,

p 216
16 As this house was built of wood,
17 When she was left alone in the house,
18 Listening to the radio,

Unit 5
Chapter 8
p 218-219
1 a good idea.
2 water
3 furniture

4 a piece of paper.
5 is sand
6 a drop of vinegar

p 220-221
7 a bottle of milk.
8 luggage, bags.
9 space.

10 time
11 a wonderful time
12 journey

p 222-223
13 paper.
14 papers,
15 coffees , orange juice.

16 clothes
17 Mathematics is
18 are

p 224
19 manners.

20 a pair of jeans
21 pairs of pants.

Chapter 9

p 225
1 a, The
2 The, the
3 the, the, the

p 226-227
4 the
5 an
6 a, an, a

7 the
8 The
9 무관사

p 228-229
10 a, the
11 the, the
12 The, 무관사

13 the
14 The
15 무관사, 무관사

p 230-231
16 the, 무관사
17 the, 무관사
18 무관사, the

19 the
20 The, the, the
21 the, 무관사, 무관사, 무관사

Chapter 10

p 232-233
1 flowers, are
2 seat, was
3 Each book, has

4 every book
5 every four years
6 my friends live

p 234-235
7 some
8 any
9 any

10 some
11 Anyone
12 someone, anyone

p 236-237
13 No one, anything
14 None
15 no shops, any shops

16 many houses, many cities.
17 much time
18 A few cards

p 238-239
19 little space/room
20 A lot
21 a little

22 Both computers are
23 Neither computer is
24 either.

p 240-241
25 Both my brothers

26 Neither man has
27 Either day is

28 All of us
29 None of
30 Most of

p 242-243
31 Either of my parents
32 none of the questions.
33 Neither of my parents

34 Many of my shirts
35 Each of the pockets
36 All (of) the flowers

p 244-245
37 other
38 other person
39 another

40 any other cities
41 Some, others
42 another person.

Chapter 11

p 246-247
1 She, him her
2 These, I, them, you
3 them, theirs.

4 something
5 One, Another, the other
6 One, one's

p 248-249
7 Some, others
8 Some, The others
9 One, others

10 What
11 Which
12 Whose

p 250-251
13 Who
14 What
15 which

16 Is there, there is.
17 It's, It's
18 It was, that

p 252-253
19 It
20 There are, They are
21 There

22 ones.
23 ones, one.
24 each other.

p 254
25 one?
26 each other
27 each other's homework.

Chapter 12
p 255
1 It's so hot, something cold?
2 She looks happy now.
3 should keep your room clean.

p 256-257
4 be friendly with your neighbors.
5 His mother is very anxious
6 made us nervous.

7 lonely
8 asleep
9 나의 현재 주소를 알고 싶어했다.

p 258-259
10 aware
11 afraid
12 definite

13 small old American
14 tall young, big blue, old white cotton
15 nice long

p 260-261
16 big fat black
17 delicious hot
18 large wooden

19 The injured
20 A police man helped the blind
21 Nurses care for the sick.

p 262-263
22 must help the weak.
23 The wounded were given first aid.
24 for the unemployed.

25 What day is it today?
26 How deep is this lake?
27 How many cars do you have?

p 264
28 Which book do you want to read?
29 How old is your dog?
30 How much money do you need?

Chapter 13

p 265
1 perfectly.
2 surprisingly
3 I was nearly hit

p 266-267
4 hardly
5 works hard.
6 Tom is carrying the vase carefully.

7 lately.
8 is extremely expensive.
9 She's suffering severely from fever.

p 268-269
10 ran to her fast.
11 slightly, completely
12 to see how rapidly she had grown

13 in bed every night.
14 is always late at the meeting.
15 home early yesterday.

p 270-271
16 Unfortunately I fell down, it hurts badly.
17 do you usually wear to the office?
18 On Monday, we are going to meet together./We are going to meet together on Monday.

19 He didn't call me yet.
20 Has mom come yet?
21 he is still in bed.

p 272-273
22 He was still loud

23 had already started
24 He is still reading now.

25 too sick to get out of bed.
26 too many people, enough chairs.
27 the bag is big enough

p 274-275
28 this is too small.
29 he is tall enough to be a basket ball player.
30 is not wide enough

31 tastes very different
32 much better than before.
33 such, long time.

p 276
34 so beautiful
35 too much cake.
36 so easy to understand.

Chapter 14
p 277
1 as fast as
2 as hard as
3 as many apples as

p 278-279
4 as hard as
5 as brave as
6 as delicious as

7 more loudly than
8 more interesting than yours.
9 farther than I did.

p 280-281
10 milder than that of
11 more fluently than
12 is taller than any other boy in his class.

13 My diary is the most precious thing in my life.
14 the longest hair in my class.
15 He is one of the greatest scientists in the world.

p 282-283
16 Today is the hottest day of the year.
17 This is the most beautiful picture
18 the youngest in her family.

19 less and less, weaker and weaker.
20 it began to get colder and colder.
21 makes me sleepier and sleepier

p 284-285
22 I saw the airplane going/flying higher and higher.
23 louder and louder.
24 she is getting bigger and bigger.

25 The warmer the water is, the better I feel.
26 The less you have in your

bag, the faster you can walk.
27 The higher we go up, the colder it becomes.

p 286-287
28 The more you use your muscles, the stronger they become.
29 The more I try to forget him, the more I miss him.
30 The more he marks his tests, the bigger his smile becomes.

31 a bit taller than me.
32 a lot/much/still/even cheaper to go by train than by bus.
33 a lot/much/still/even older than I am.

p 288
34 a lot/much/still/even faster than his brother.
35 I don't play computer games any more/any longer. or I play computer games no more/no longer.
36 much worse than I thought.

Chapter **15**

p 289
1 in the box.
2 under the bed.
3 for my birthday.

p 290-291
4 during the class/the lesson.
5 behind the curtain.
6 before dinner.

7 between the post office and the library.
8 at nine, at five.
9 for about two hours.

p 292-293
10 at the bus stop.
11 by nine, at eight.
12 outside the door.

13 by credit card?
14 for sale in the flea market.
15 in person.

p 294-295
16 on business.
17 in a line at the bus stop.
18 with ease.

19 is giving an account of
20 deals with
21 divided my students into three groups.

p 296-297
22 reminds me of him.
23 prevented/stopped/kept the baby from touching
24 apologize for

25 compare me to him,
26 blame the accident on me, blame me for the accident.

27 asked the clerk for

p 298-299

28 accused me of being selfish.
29 depend on my wife, rely on my wife.
30 provided, with a free drink.
31 on behalf of
32 surprised at the ghost, she ran away from
33 a plane takes off,

p 300-301

34 by means of a log.
35 keep up with you.
36 wake her up.

37 in favor of the plan.
38 in advance of the meeting.
39 in terms of learning literature.

p 302-303

40 cut down on smoking.
41 Look out!, in front of you.
42 turn it off.

43 is familiar with repairing/fixing
44 be suitable for the party?
45 was crowded with tourists.

p 304-305

46 the reason for
47 capable of passing
48 cause of the fire

49 is always jealous of
50 close to my house.
51 aware of the risk of smoking?

p 306

52 fed up with my job, bored with my job.
53 some damage to my car.
54 a problem with my computer.

Unit 6

Chapter 16

p 308-309

1 I didn't expect that she would be a successful artist.
2 that he will win the election.
3 The problem is that we have no money.

4 I'm sure that he will come back to me.
5 The fact that he won the first prize at the quiz show is known to everybody.
6 Do you know that Jane traveled around the country by bicycle?

p **310-311**

7 I don't know if she wants to meet me on Christmas.
8 Whether I can get a raise or not depends on this report.
9 I need to know if she is coming to the party or not.

10 I asked whether or not he liked my present for him.
11 Whether he is short or not doesn't matter to me.
12 I don't know if he made a reservation for dinner at the restaurant on our wedding anniversary.

p **312-313**

13 I know where my mom hid my Christmas present.
14 what I should answer to his proposal.
15 We are so interested in who is going to be a winner of this year.

16 I can't tell you what is in the box.
17 tell me when you broke in Mrs. Glen's house.
18 I still don't know why she's so angry at me.

Chapter **17**

p **314-315**

1 I told them that I really wanted to work there from the next day.
2 My mom told me that she would teach me how to swim the next day.
3 Tom said that he was feeling ill.

4 She said that she had worked there for six years.
5 They said to him that he was not supposed to touch those sculptures there.
6 My mom said to me that I had to hurry up then not to be late for school.

p **316-317**

7 She said that she didn't want to go to school.
8 He said that the sun set, and the stars are out.
9 He told me that he had received that letter the day before.

10 Sara told me that she couldn't come to the party on Friday.
11 Tom said that he wanted to go to New York next year.
12 He told me that he wanted to give Sara that ring the next day.

p **318-319**

13 He asked me if I worked there.

14 My mom asked me why I had come home early.
15 She asked me whether I would attend the seminar.
16 I asked him what the date was that day.
17 He asked me if I had ever been to London.
18 A tourist asked us if we would tell him the way to the station.

p 320-321
19 The teacher said to me to read the sentence more loudly.
20 She asked me to get her some juice.
21 He advised me to work harder.
22 She told me to call her the next day.
23 She told me not to laugh at her.
24 Mom told me to be careful when I cross the street.

Chapter 18
p 322-323
1 who/that borrowed my books.
2 who/that checks my report carefully.
3 (whom/that) I respect the most is Lincoln.
4 (which/that) the professor gave are due next Friday
5 (whom/that) I see is tall and nice.
6 (which/that) I bought yesterday.

p 324-325
7 that are running there.
8 all the money (that) I have.
9 who/that is working in the garden is my uncle.
10 with a basketball who is standing at the bus stop?
11 which/that is located on the coast.
12 the only girl that I have ever spoken to.

p 326-327
13 whose goal is to win gold medals in Winter Olympics.
14 whose car has been stolen
15 whose cover is black.
16 whose job is to cure diseases, and to save lives.
17 whose hair was curly permed.
18 whose windows were all broken.

p 328-329

19 (which/that) I'm waiting
20 This is the house (which/that) he lives in. or This is the house in which he lives.
21 The chair on which you are sitting is broken. or The chair (which/that) you are sitting on is broken.

22 which you are interested?
23 (whom/that) I have been looking
24 which I got the cell phone

p 330-331

25 what you discovered in the experiment.
26 what you're talking about.
27 what I have been eager to learn.

28 what is called common sense.
29 what happened to me yesterday.
30 what she found on the road to the police.

p 332-333

31 which I have been reading
32 which is located in the nearby mountain.
33 who is kind and honest.

34 who is always happy to see us.
35 He has a son who became a (male) nurse.
36 He has a son, who became a (male) nurse.

p 334-335

37 which is surprising to us.
38 which is good for the garden flowers.
39 which means I can move into a larger house.

40 which we can't believe.
41 which keeps me healthy.
42 which annoyed Jason.

p 336-337

43 The way he dealt with the problem
44 the reason why we need some extra money?
45 how the radio works.

46 where I once stayed on vacation.
47 when we moved into a larger house?
48 where the accident occurred.

p 338-339

49 which was carrying beer bottles, carrying beer bottles
50 who is singing loudly, singing loudly.
51 who wrote a letter of thanks, to write a letter of thanks.

52 which is written by Sara, written by Sara.
53 which was painted by my father, painted by my father.
54 who were injured in the accident, injured in the accident

Unit 7

Chapter 19

p 342-343

1 If you study harder, you will get a better score.
2 If you do it, you will be punished.
3 have enough money, I would buy a car.

4 If I were you, I would go to college.
5 If it rains tomorrow, we will not go on a picnic.
6 If you have any questions, contact our staff.

p 344-345

7 If I had known you needed a ticket, I would have got you one.
8 If he had gone to college then, he would be a senior now.
9 If you'd been more careful, you wouldn't have been injured.
10 If you hadn't apologized yesterday, I would never have spoken to you again.
11 If you hadn't made that mistake, you'd have passed your test.
12 If he had dressed up more neatly in the interview, I would have employed him.

p 346-347

13 If I had followed his advice, I would feel much better now.
14 If he were more sensible, he wouldn't have made the same mistake.
15 If you had arranged things at the beginning, we wouldn't be in this mess now.

16 If you had cleaned the room in the morning, it would look a little tidier.
17 If he had not helped me in the accident, I would not be alive now.
18 If I didn't have all this work to do, I would have joined you for the party.

p 348-349

19 I had gone to the concert.
20 you hadn't lost that camera.
21 I wish I had helped you yesterday.

22 I wish I had driven a bit more carefully.
23 I wish I could speak English well.
24 I wish I were in your shoes.

p 350-351
25 She looked as if she has been ill.
26 They treat me as if I were their son.
27 He told me as if he had really seen a ghost.
28 He looks as if he is a soldier.
29 He talks as if he had been in New York for several years.
30 He speaks as if he had read all the books in the shelves.

p 352-353
31 We'll go out unless you're too tired.
32 We will win the race provided we prepare it.
33 Supposing that it rains tomorrow, what should we do?
34 If only I were older than you!
35 You'd better leave early in case there is a lot of traffic.
36 You can take my car as long as you drive carefully.

p 354-355
37 If it had not been for your help, I couldn't have finished the report.
38 Should he call again, tell him that I am out.
39 Even if he is waiting outside to apologize to me, I will not go out to see him.
40 It's time (that) you started doing some work.
41 otherwise he would fail on his test.
42 Assuming that I finish the job by noon, I will be able to go out for lunch with you.

Chapter 20
p 356-357
1 Those pants are old but (they are) comfortable.
2 He's running towards the goal, and (he's) going to score.
3 Tom went to the movie, but John went to the circus.
4 Are you and Jane co-workers?
5 You can take the bus or the subway.
6 He heard a gas explosion and (he) called the police.

p 358-359
7 She speaks both English and Chinese.
8 He neither smokes nor drinks.

9 She enjoys neither hunting nor fishing.
10 She is known not only for her beautiful appearance, but also for her high level of education.
11 Either men or women can be nurses.
12 either go now or stay till the end.

p 360-361
13 They changed the plans, for he was ill.
14 They didn't answer the phone, so I have to visit their office.
15 They didn't answer the phone, for they are busy working.

16 I don't drink coffee, for it keeps me awake at night.
17 The gift shop didn't attract many customers, so it closed.
18 The gift shop closed, for it didn't attract many customers.

Chapter 21
p 362-363
1 when I touched him.
2 He seemed happy after you called him.
3 I can play video games until my parents come home.
4 You can play computer games until 9 p.m..
5 Students were noisy while they were on the train.
6 Students must be quiet during the exam.

p 364-365
7 because he was tired.
8 The accident occurred owing to careless driving.
9 Therefore, he failed the test.

10 We are late 10 minutes because of traffic jam.
11 As a result, he got a job easily.
12 such, that we could solve the problems.

p 366-367
13 He got up so early that he could take the first train.
14 It is so dark that I cannot see my hands before me.
15 I missed/failed the final exam; consequently, I failed the course.

16 that I couldn't understand.
17 was canceled due to the rainy weather.
18 Since it is so noisy here,

p 368-369
19 for some bread.
20 work to make money.

21 We're studying hard in order to improve English ability. or We're studying hard in order that we improve English ability.

22 so that it gets there on her birthday.

23 in order that they can use my car. or in order to/ so as to use my car.

24 He made an appointment with his parents so that he could introduce me to them.

p 370-371

25 However, I put on sunglasses.

26 Although the restaurant was crowded,

27 He played soccer despite his injury.

28 nonetheless, they still looked dirty.

29 Even though I wasn't tired,

30 Even the brightest student makes a mistake.

p 372-373

31 However/no matter how hungry I am,

32 Though he has lived for years in London, he still can't speak English well.

33 They went on vacation in spite of short budget.

34 whereas(while) his wife looks about thirty.

35 Unlike my sister, I hate playing piano.

36 You'd better save some money every day, even if it's only two dollars.

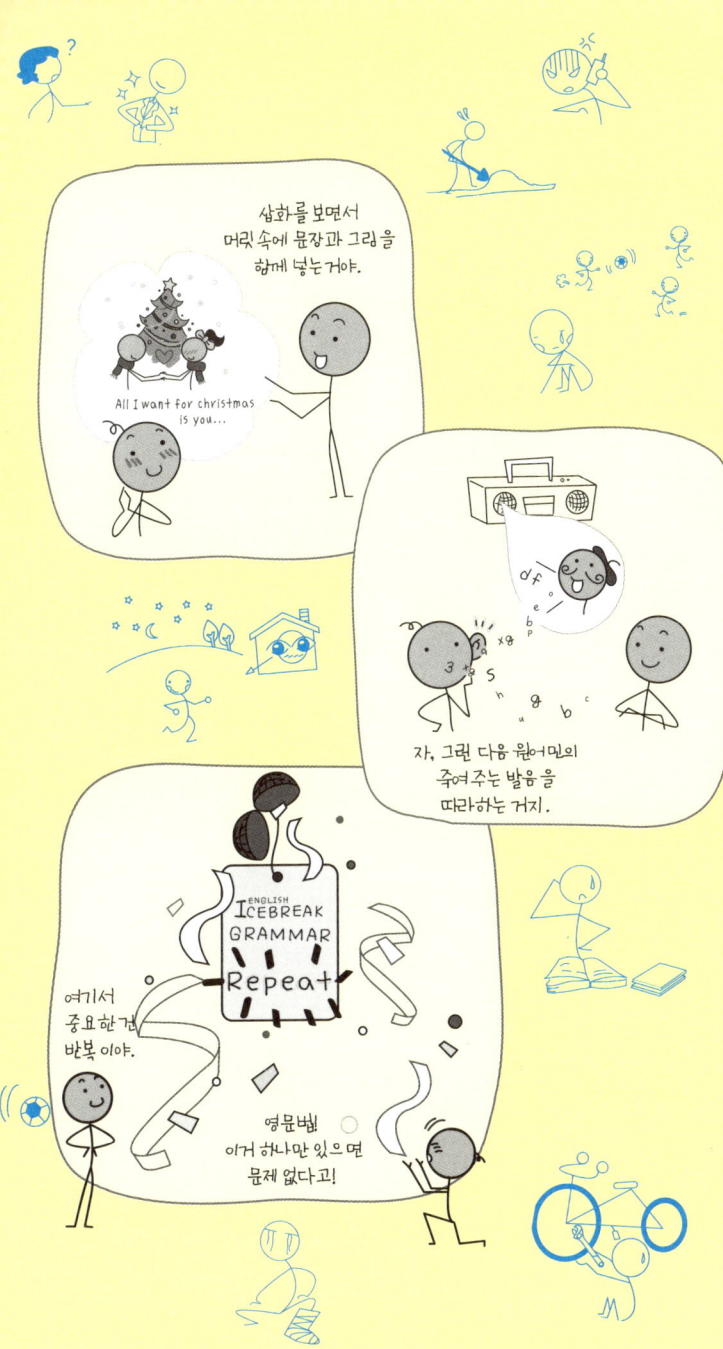